早稲田古本屋街

向井透史

未來社

早稲田古本屋街　目次

序章　昭和二〇年、早稲田古本屋街消滅

第一章　早稲田の三羽烏

第二章　開店まで

第三章　店を継ぐもの——二代目店主の物語

第四章　古本市、はじまる

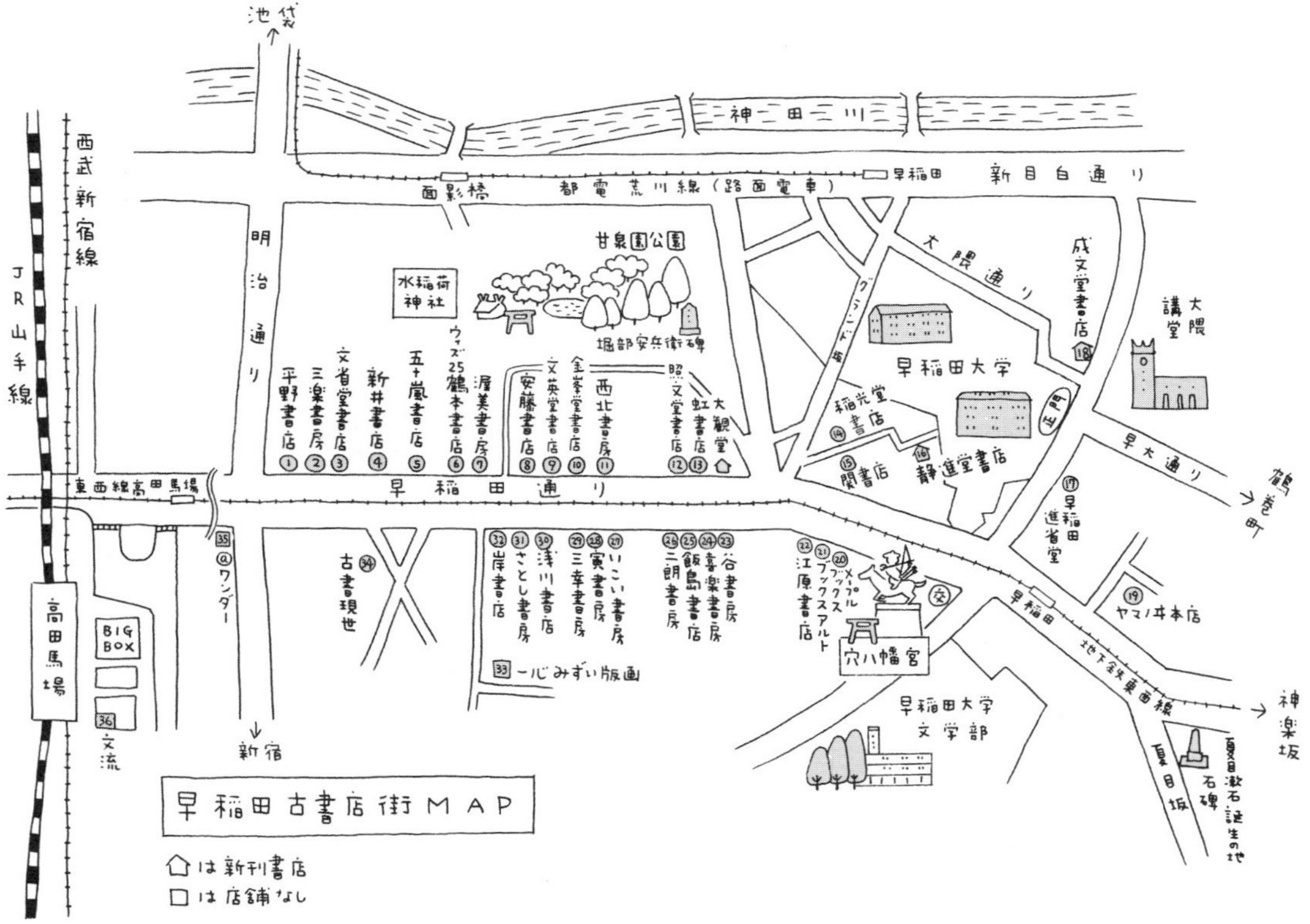
早稲田古書店街MAP
⌂は新刊書店
□は店舗なし
池袋
神田川
新目白通り
早稲田
都電荒川線（路面電車）
面影橋
西武新宿線
JR山手線
明治通り
水稲荷神社
甘泉園公園
堀部安兵衛碑
① 平野書店
② 三楽書房
③ 文省堂書店
④ 新井書店
⑤ 五十嵐書店
⑥ ウィズ25 鶴本書店
⑦ 渥美書房
⑧ 安藤書店
⑨ 文英堂書店
⑩ 金峯堂書店
⑪ 西北書房
⑫ 照文堂書店
⑬ 虹書店
大観堂
東西線高田馬場
早稲田通り
高田馬場
BIG BOX
36 文流
35 @ワンダー
新宿
34 古書現世
32 岸書店
31 さとし書房
30 浅川書店
29 三幸書房
28 寅書房
27 いこい書房
26 二朗書房
25 飯島書店
24 喜楽書房
23 谷書房
33 一心みずい版画
22 江原書店
21 ブックスアルト
20 メープルブックス
交
穴八幡宮
早稲田大学文学部
グランド坂
⑭ 稲光堂書店
⑮ 関書店
⑯ 静進堂書店
早稲田大学
正門
大隈通り
⑱ 成文堂書店
大隈講堂
早大通り
鶴巻町
⑰ 早稲田進省堂
⑲ ヤマノ井本店
早稲田
地下鉄東西線
神楽坂
夏目坂
夏目漱石誕生の地 石碑

装幀——多田進
カバー・表紙イラスト——多田順
地図——浅生ハルミン

早稲田古本屋街

文中、先輩方の敬称を略しました。
あらかじめお許し願います。

序章　昭和二〇年、早稲田古本屋街消滅

東京には、三つの古本屋街がある。世界一の書店街といわれる神田神保町、東京大学の前に立ち並ぶ本郷、そして都の西北、早稲田である。

地下鉄東西線の早稲田駅を出て街を眺めると、緑豊かな一帯が確認できる。これは流鏑馬の奉納で知られる穴八幡宮の木々である。地下鉄出口の前を走る大通り、これは早稲田通りだ。その通りを緑ある方向へ歩を進め、穴八幡宮の参道入口が近くなると、交差点がある。右手に延びる道が、早稲田大学の正門へと向かう南門通り。左手の道が文学部キャンパスのある諏訪通りだ。信号を渡り、参道の階段を上らずに早稲田通り沿いを進む。ゆるやかな坂に軽く息をきらせながら歩く。この坂は、穴八幡に沿う坂ということで八幡坂と呼ばれる。その坂の途中から、左側にポツリ、ポツリと古本屋の姿が見えてくる。このあたりの古本屋は、開店時期が新しい店だ。早稲田古本屋街の入口が、ぐっと大学側に近くなった。

八幡坂を上りきり、都電荒川線が走る新目白通りから上ってくるグランド坂（坂の途中、現在は早稲田大学中央図書館が建つ場所に野球部のグラウンド「安倍球場」があったことから名づけられた。戦後に逝去した野球部育ての親、安倍磯雄を記念して「戸塚球場」から改称）と合流するあたりから、早稲田通りの両側が賑やかになる。学生もたくさん歩いている。この道の先には、JR高田馬場駅があるからだ。古本屋が道の左右に目立ち始めるのは、このあたりからである。

平成一八（二〇〇六）年九月現在、大学周辺と、この早稲田通り沿いにある古本屋の数は三一軒である（店舗なしの店は除く）。今から二〇年前の昭和六一（一九八六）年の地図を見てみると、三六軒。入れ替わりはあるものの、それほど数は変わっていないようだ。

現在営業している、ほとんどの古本屋は戦後の創業である。新刊書店に転業した大観堂や広文堂などを除けば、戦前から営業をしている現役の古本屋は、稲光堂書店と照文堂書店の二軒、戦中の開業がヤマノヰ本店の一軒と、終戦の年をまたいだのは三軒しかない。では戦前に早稲田古本屋街はあったのか。間違いなく「古本屋街」は、あったのである。戦前の古本屋街は、早稲田大学正門前から江戸川橋や神楽坂方面までのびている早大通り（正門前通り、鶴巻通りともいった）沿いに並んでいた。この序章では、なぜ戦前は正門前だったのか、なぜ戦後の古本屋街は現在の位置に移ったのかを、「早稲田」という街の発展とともに書いていきたい。

茗荷の名産地に学校誕生

早稲田という街の発展の中心に、早稲田大学があることはいうまでもない。いわゆる「明治一四年の政変」によって下野し、立憲改進党を結成した大隈重信が早稲田大学の前身である東京専門学校を創立したのは、明治一五（一八八二）年である。当時の早稲田は名前通り、田んぼが広がるなにもない場所だった。明治前期の色付きの地図を見れば、皇居に近く、現在、古本屋街のある神保町付近の賑わいにくらべ、早稲田はただただ緑色に塗られている。正門の目の前、大隈講堂の裏手を鶴巻町というのだが、『東京名所図会　四谷区・牛込区』によれば明治前期の鶴巻町は「西は穴八幡高田馬場の麓に達し、北は関口目白台まで一望際涯なく、広漠なる田野なり」と表現されている。また、そのころの早稲田は有名な茗荷の産地だったそうで、現在、穴八幡宮参道入口の交番横には〈江戸・東京の農業　早稲田ミョウガ〉なる案内板があり、「『新編武蔵風土記稿』（一八二八年）にも紹介された早稲田のミョウガは土地柄から大振りで香りがよく、全体に赤身が美しいので薬味のほか漬物や汁の具などに用いられました」とある。神田須田町にあった青果市場にも出回って好評だったそうだ。そのような土地に大隈重信が学校を創設したのは、この地に別邸（旧松平讃岐守別邸）があったからである。また、この地には江戸期より寺子屋や私塾がある環境があった。東京専門学校は、八〇名の生徒を迎えてスタートした。

現在、地域で一番の繁華街は高田馬場駅周辺である。ＪＲ山手線、地下鉄東西線、西武新宿線が乗り入れており、新宿ほどではないにせよ、ちょっとした中継駅だ。そして、早稲田大学の正門は、その高田馬場に背を向けるようにある。高田馬場駅へ向かう場合、かつては裏門といわれた稲光堂書店や関書店が並ぶ通りにつながる西門から出るのが近道なのだ。しかし、それも無理はない。学校周辺がそうであったように学校の創立当初は、高田馬場駅付近にはまだ山手線の影もなく、一面の田んぼや林があるだけだった。では、正門はどこへ向いているのか。それは東京の中心、皇居のある千代田方面であり、毘沙門天で有名な善国寺の縁日で賑わう身近な繁華街、神楽坂である。後に交通機関も、神楽坂周辺に次々と開通していくことになる。明治二七（一八九四）年には、現在のＪＲ飯田橋駅の少し四谷寄りに甲武鉄道の牛込駅が開業（現在の中央線。この開業により牛込〜八王子が開通。翌年には現・飯田橋駅の御茶ノ水寄りに飯田町駅が開業する）、大手町の方から走ってくる路面電車も、明治三九（一九〇六）年には飯田橋まで、翌年には江戸川橋まで延びてくる。後に山手線となる品川線の高田馬場駅が開業するのは、もう少し先のこと、明治四三（一九一〇）年であるが、それには後でふれることにする。

戦前の早稲田古本屋街は正門前に並んでいたと書いたが、田んぼと畦道だけだった正門前から鶴巻町、山吹町を通り、神楽坂方面まで通る、早大通りが開通したのは明治三五（一九〇二）年のことである。今、歩いてみれば、正門前からつきあたる江戸川橋通りまで約一二、三分の道だ。この年、東京専門学校は創立二〇周年を迎えた。そして大学へと昇格して、早稲田大学と名称を変えることになったのである。一〇月一九日、開校式と創立二〇周年祝典を開催。この同じ日に早大通りの開通式が行なわれた。夜には、この道を通り神楽坂を抜け、皇居二重橋広場まで提灯行列が行なわれたそうだ（総指揮・安部磯雄）。二五周年の時には、記念として制定された校歌「都の西北」の大合唱とともに、再度行なわれることになる。この道筋が、この先に繁栄を迎えていくことになるのである。この年、開校時に八〇名だった学生数は二三七六名に増えていた。

カエル鳴く地に古本屋

「吾家は早稲田に於ける書肆の開祖なり」。早大通りが開通した翌年、一軒の古本屋が通り沿いに開店した。店名を河鍋書肆という。詳細は不明だが、創業店主は神奈川県小田原より上京し、知人の本郷・文光堂書店、南江堂書店の助力によって早稲田に開店することができたのだという。その、二代目店主である河鍋肇英が、東京古書組合新宿支部の機関誌である「新宿支部報」三七号（昭和六〇〔一九八五〕年）に「明治・大正の河鍋書肆」という聞書きで登場している。先に引用した「吾家は〜」の言葉は、河鍋が父から聞かされていた言葉だ。

早稲田の町に初めて、そう、明治三十六年六月に早稲田鶴巻町四十三番地にて開業しました。当時、大学正門前は一面の野原で、そんな中に一軒の古本屋ができたわけです。まわりを見てもポツンポツンとあるだけで、まるで、原っぱにアズキを撒いたようなものでした。風呂に行くにも杖ついて、提灯さげて行ったものです。建物も畳の間からみょうがが出てくるようなバラックでした。また、カエルはいるし、ヘビもいる、釣もできるといったところでした。そんな環境のもとで、早稲田の先生と学生を相手に商売が始まった訳です。そして、大正の初め頃までに十軒ぐらいの古本屋が正門前通りの方に並んだかな。

早稲田の古本屋開業記念の地は、現在の住所でいえば早稲田鶴巻町五五七あたりになる。大学正門を背にして歩けば、鶴巻小学校のあるブロックのやや外苑東通り側だ。河鍋書肆の開店後、早稲田の地にも少しずつ古本屋が増えていく。『東京古書組合五十年史』の組合前史によれば「拔井は、三十三年に京屋書店から独立して同じ牛込榎町に店を持ち、三年ほどで早稲田に移っている」とある。文中には記述がないが、拔井というのは早大正門近くにあった世界堂書店の店主、拔井美子吉のことだ。尾崎一雄の随筆にも度々登場する古本屋（出版社としても、アンドレ・モーロア『フランス敗れたり』などでベストセラーを出した）、大観堂書店・北原義太郎が修行した店である（現在大観堂は新刊書店）。他に、このころ開店した店名として博愛堂、日英堂があげられている。あとの二店舗は、同書収録の『全国主要都市古本店分布図集成』の早稲田（昭和一四〔一九三九〕年）にはもう見当たらない。神楽坂方面には早稲田古本屋街前史といえる時期から古本屋が数軒あり、それらと合わせ明治の終わりごろにはすでに神保町の古書店主がセドリ（自店の売値より安く販売されている他店の本を買って儲ける仕入れ方法）

に来るようになっていたそうだ。明治三六（一九〇三）年ごろには、前述の抜井、細工町にあった布袋屋などが中心となり、牛込加賀町下にあった「新亭」という飯屋にて同業同士で本の売買をする古書市場が生まれている。

早大通りは、早稲田大学の発展とともに、そして関東大震災後に山の手銀座といわれるほどの繁栄を誇る神楽坂への道筋として栄えていく。『新宿区史　史料編』に早稲田町在住の中村つねじ（明治二〇〔一八八七〕年生まれ）の回想がある。早大通りは、「中一間位の道でこの両側に小さな商店が立ち並んでいた」そうだ。

此界隈の商店は、早稲田大学の恩恵を蒙っていた事は大変なものだった。大学がある為に生活を保つ事が出来たといってもよい位だった。八百屋でも魚屋でもパン屋でも皆大学が優先的に商売された。又大学を中心とする一帯は、学生を下宿させていたから、此の辺はまったく学生の町だった。

回想にある通り、大正にはいったころには、この通りの裏にたくさんの下宿屋が現れ一大学生街へと変貌していく。佐藤能丸著『近代日本と早稲田大学』を読むと、「大正期から昭和一〇年代にかけてが、早稲田界隈の下宿街の最盛期であった」とある。同書には、昭和一一（一九三六）

年の『早稲田大学年鑑』所載の「下宿便覧」から当時の下宿数が引用されており、当時の大学周辺の組合加入数が二四九軒、室数五一〇〇で、その他に三人以下収容の素人下宿は四〇〇戸ぐらいあったという。早大通りの商店裏には、特にたくさんの下宿があった。現在の早稲田から高田馬場道筋の商店街のような早大通りと、当時の大繁華街である神楽坂が地続きにある。それは、日常生活の、昼と夜の区別が曖昧な生活空間だ。そのような圧縮された、近隣で生活が完結するような街の環境が、商売を繁昌させていったのではないだろうか。

『早稲田大学百年史』には、いかにも「学生街の古本屋」というようなエピソードが収められている。第二巻第二章の「二十世紀初頭の早稲田学生」の中から引用する。

学生の金融には、また古本屋が大きな役割を演じた。明治の末期から大正の初期には、早稲田鶴巻町は表通りは軒並古本屋といってもいいほど繁昌して、神田に次いで活気があり、本郷の大学前を凌ぎ、東大の学生まで古本捜しにやって来た。従って棚にはなかなか良い本が並び、往々にして珍本・稀覯本の得られることさえあった。それら古本屋の主人や番頭は学生に親切で、読んだ本も、保存がよくて汚れてさえいなければ最高の値段で引き取ってくれた。質草のようにして、金を貸して暫く預かってくれる。それが顔なじみになると、学生証を渡せば、質草になる本は持参しなくても、金を貸してくれる所もあった。

少し「良く」書かれすぎているような気もするので、もうひとつ面白い記事を紹介する。「早稲田大学新聞」大正一三（一九二四）年三月二五日号には、「学生お互ひの利益　古本市の催し」という記事がある。五〇銭で売った本を買い戻そうとすれば一円取られる。これは古本屋が暴利を貪るからで「奸商共の魔の手から逃れんため」に「目下本社で考究中」とある。要は早稲田大学新聞が仲介して、利を取らずに本を売買しようという計画である。「学校界隈の暴利屋は大打撃である」。古本屋としては、そこを否定されてはどうにもならないのだが、むしろ、このような記事が出るようになったのも、この地にすっかり古本屋街が定着してきたということなのではないだろうか。その後、どうなったのか気になるところだが、しばらく記事は見当たらない。昭和五（一九三〇）年一〇月二日号に、大学の共済部が古本の取次という記事があるのだが、これが実行された計画なのだろうか。しかし、預けたものの、即金が欲しくて古本屋へ売りにいくからか返却申し込みが随分とあったり、保管中に本の盗難もあったという。「暴利屋は大打撃」とはいかなかったようである。形はどうあれ、このように学生と古本屋は強く結びつき、学生街の日常を形成していったのである。

震災後——神楽坂と新宿、そして早稲田

大正一二（一九二三）年九月一日、午前一一時五八分、南関東の地は砂塵と炎に包まれた。関東大震災の発生である。東京市は、大半が壊滅した。地盤が弱い下町は特に被害が大きく、繁華街の神田、日本橋、浅草もほとんどが焼き尽くされた。それほどの被害があった中、早稲田や神楽坂は、被害皆無ではないものの生活に支障が出るようなことはなかったのである。当時、早稲田高等学院在学中だった作家、尾崎一雄は帰省中の小田原で震災にあった。尾崎は早稲田の下宿が気になり、歩いて早稲田へ向かった。尾崎の下宿「時習館（のち日吉館）」は、八幡坂の途中、現在の早稲田大学「第三西門」の脇にあった。その時の話を尾崎は、著書『あの日この日』に書いている。

九段から富士見町を経て神楽坂へかかつた。焼けてゐなかつた。あまりつぶれても居なかつた。弁天町、馬場下町と、ずつと無事だ。穴八幡も水稲荷も立つてゐた。戸塚辺の家は、焼けも倒れもしてゐなかった。

大学も大講堂（大隈講堂にあらず）は全壊したものの、それ以外の被害は些少であった。そし

て尾崎が見た通り、早稲田と地続きの繁華街である神楽坂もまた無傷に近かった。そして、そこに目をつけた壊滅繁華街の大店が、この地へ出てきて「山の手銀座」といわれる東京一の賑わいを見せるのである。三越、松屋の分店、銀座の村松時計店、資生堂支店、永井荷風も常連だった銀座のカフェ・プランタンの支店も現れた。神楽坂を繁華街へと発展させたのは、毘沙門天で有名な善国寺の縁日だろう。善国寺が神楽坂に移ってきたのは、江戸中期の寛政四（一七九二）年である。縁日は、江戸期から賑わっていた。このあたりは武家屋敷が立ち並ぶ土地であったが、維新後はそれらがなくなっていき、縁日の賑わいが呼んだか商店が立ち並ぶ。花街としても賑わいを増していく。明治二〇年あたりからは、縁日とは別に夜店が立ち並ぶようになった。とにかく縁日の日には、神楽坂の表である飯田橋側の牛込見附から、そして裏手の早稲田方面の両側から人が溢れてきたのだという。

書いてきた通り、この街は早稲田の学生にとっても、ずっと身近な繁華街であった。神楽坂を語る時に必ず引用される『大東京繁昌記　山手篇』という本がある。この本の「早稲田神楽坂」の章を担当している作家の加能作次郎は、この狭い界隈に新刊書店が六、七軒もあるのにすべてが賑わっている事実を「流石に早稲田大学を背景にして、学生や知識階級の人々が多く出る証拠だろう」と書いている。同書には、このころの界隈には古本屋が少なく、夜店に古本が出るようになったと記述があるので引用する。初出は「東京日日新聞」の夕刊連載で、時は昭和二

（一九二七）年六月である。文章は、前記の古本屋が少ないという文章からつながる。

その代わり夜の露店に古本屋が大変多くなった。これは近頃の神楽坂の夜店の特色の一つとして繁昌記の中に加えてもよかろう。尤もどれもこれも有りふれた棚ざらし物か蔵払い物ばかりで、いゝ掘り出し物なんかは滅多にないが、でも場所柄よく売れると見えて、私の知っている早稲田の或古本屋の番頭だった男が、夜店を専門にして毎晩こゝへ出ていたが、それで大いに儲けて、今は戸塚の早大裏に立派な一軒の店を構え、その道の成功者として知られるに至った。

この古本屋とは大観堂のことらしい。東京古書組合の機関誌「古書月報」六五号（昭和二八〔一九五三〕年）に掲載の世界堂書店店主・抜井美子吉の回想によれば、後の大観堂店主・北原義太郎は、あることで開業資金をなくしてしまい、それを取り返すために世界堂の本を店以外で、矢来下に夜店を出して販売したという。売り上げの半分をもらい、約一年で元にあった七〇〇円の開業資金に戻したそうだ。これは大正七（一九一八）年ごろの話だという。『値段の明治大正昭和風俗史』所載の「公務員の初任給」の項を見ると、七〇円の時代である。しかし、「山の手銀座」としての神楽坂は、長く続かなかった。震災後にやってきた大店は、各地の復興とともに街を離れていった。作家、野口冨士男は『私のなかの東京』にて、繁華が奪われたのは「飯田橋駅の開業に前後している」と記した。飯田橋駅が開業したのは、昭和三（一九二八）年。この飯田橋駅の御茶ノ水寄りすぐにあった飯田町駅を貨物専用駅にするために、飯田町駅の中野まで走る近距離電車専用ホームと、すぐ近くの牛込駅とを統合する形で飯田橋駅は誕生した。神楽坂入口の目の前に、駅ができたわけである。この電車、中央線は、震災後に「山の手銀座」の名称を奪った街へとつながっている。その街とは、新宿である。

新宿は、震災後に急速に発展した街である。『新宿区史 史料編』で戸山町在住の古老は「関東大震災前の新宿は肥車の目立つ街でしかなかった」と回想している。震災で新宿は、下町ほどではなくとも、山の手にしては大きな被害を受けた。駅周辺から伊勢丹（当時は市電車庫）のある三丁目、さらには二丁目にかけて九〇〇戸を焼失。数年前には一丁目付近の大火や、二丁目の遊郭大火を経て震災である。新宿は災難続きであった。しかし、皮肉にもこの災難が、繁華街への道のりとなっていく。復興の過程で、炭屋や石炭屋に囲まれていた新宿駅に、街が寄り添ってくるのである。すでに新宿には、山手線と中央線が乗り入れ、路面電車の市電も走る交通網ができていた。震災後は、被害の大きかった地区の住民の中央線沿線を中心とした郊外居住化が進んでおり、ターミナル駅である新宿は繁華街としての条件を満たしていたのだ。かつての鉄道は「陸蒸気」といわれ、煙を吐く厄介者として近隣住民から建設の反対を受ける対象だった。新宿駅も、希望としては甲州街道と青梅街道の分岐点である現在の伊勢丹前の新宿追分に建設を予定していたのだが、当時の新宿の中心であった宿場の反対を受け、街のはずれに建設された経緯がある。大正一四（一九二五）年には、ついに山手線の環状化が完成する。新宿は、すでにできていた鉄道という骨組に肉付けをしていくような変容を見せたのである。

震災から数年が経つと、百貨店が立ち並ぶようになる。三越、松屋（現・伊勢丹近くの追分にできた京王電車新宿追分駅上のターミナルデパート。昭和七〔一九三二〕年閉館）、伊勢丹、ほてい屋が店を出した。カフェや食堂が開店し、新宿武蔵野館は東京中の映画ファンで賑わった。昭和二（一九二七）年には紀伊國屋書店が開店。昭和六（一九三一）年には新宿ムーランルージュが開館。飯田橋駅が開業したころには、商業だけではなく文化的にも注目を集め、銀座に次ぐ繁華街として「山の手銀座」の称号を神楽坂から奪い取ったのであった。

では、そのころの早稲田はどのような変容を見せたのであろうか。まずは、すでに明治四三（一九一〇）年に開業している山手線高田馬場駅の話からしたい。山手線は前身を品川線といい、明治一八（一八八五）年に品川駅から赤羽駅間に開通した。間の駅は渋谷、新宿、板橋である。すぐ後に目黒、目白が開業した。一日三往復の貨物運送のついでに乗客を乗せるような鉄道であった。開業当初は乗客も少なく、赤字運営だったそうだ。そのような鉄道に高田馬場駅が開業するのは、『戸塚町誌』によれば町民一致の請願と地主の運動によるものだそうだ。駅ができる周辺の住民にとって、大学の向こう側は少し遠く、この鉄道を利用するにも目白駅まで歩いていかなければならなかったからである。発展していく早大通りとは違い、このあたりは長く緑に囲まれていた。『下戸塚　我が町の詩』には、後に幾人もの学生や作家に愛された「茶房早稲田文庫」(現在は吉祥寺で「茶房武蔵野文庫」として営業)を創業する冨安龍雄が、大学をめざして高田馬場駅に下り立った時の感想が掲載されている。当時の駅周辺は「駅は田舎にも見あたらないような小さい木造の建物で」「ホームからの眺めは一方は見渡す限りの櫟《くぬぎ》の林であり」「教えられるまま、私は大学に足を運んだ。驚いたことには、牛車の列がわがもの顔に続いていた」というような状況だった。これは、駅開設から一〇年以上経っている大正一二(一九二三)年の話である。

また、駅の開業時には、駅名をめぐり住民と鉄道側が対立し、土地名をいかした「上戸塚」または「諏訪之森」を希望する住民側に対し、鉄道側は、周辺で一番名を知られた堀部安兵衛助太刀の「高田馬場」を主張。住民が認めなかったのは、実際の「高田馬場」が随分と離れた場所だったからである。高田馬場は、旗本が馬術の練習をしたり流鏑馬を行なったりした場所である。三代将軍家光の時代、寛永一三(一六三六)年に完成した。高田馬場の「高田」については、松平忠輝の母高田殿の遊覧地であったから、古くは高田郷戸塚村だったからなど諸説あるが、それは本題ではない。では、高田馬場とはどこなのかといえば、渥美書房横から入りグランド坂上まで抜ける小道、これを茶屋町通りというのだが、この通りと早稲田通りに囲まれた土地、渥美書房の横あたりからグランド坂越えてすぐ稲光堂書店、関書店があるあたりまでが高田馬場跡なのである。結局押し切られて高田馬場駅になってしまうのだが、そのせいで戦後、昭和五〇（一九七五）年の住所表記変更の際に、この駅の周辺が「高田馬場」に、そして明治通りを越えた実際の高田馬場があったブロックに入った途端に「西早稲田」となってしまう現象を生んでしまう。大学が「早稲田」と名づける元となった早稲田村は、戦前の古本屋街のあった鶴巻町あたりの古くからの地名だ。なので戦前の古本屋街は文字通り「早稲田古本屋街」で、戦後の古本屋街は「西早稲田」にあっても「高田馬場古本屋街」が正しいともいえなくはないのである。こうして、すぐに人の流れが変わることはないのだが、早稲田大学の裏側に鉄道の駅が生まれたのである。

話が長くなった。昭和初期に戻る。昭和二（一九二七）年、東村山駅から西武鉄道が延びてくる。高田馬場が乗り換え駅になったのだ（新宿まで延びるのは戦後）。新宿の項で書いたように大正一四（一九二五）年には山手線の環状化が完成しており、近接街である新宿の「山の手銀座」化による高田馬場駅の重要性が増してきたのだ。

鉄道網が発達して以来、店の数も増えていった現在の早稲田古本屋街のメインストリート、早稲田通りであるが、ずっと歩きづらい道として有名だった。『下戸塚　我が町の詩』の「六十年前の戸塚・我が町」にはこんな一文がある。「戸塚の通りといえば幅五、六米の狭い道路で両側はドブ板が敷詰めてあった。路面は小砂利を敷いた赤土で風が吹けば塵が立ち、雨が降ればすぐ泥んこ道となり、人馬や荷車のシブキで店の格子は、泥だらけになる始末であった」。この通りが、拡張改装工事されることになったのは、昭和三（一九二八）年からである。高田馬場駅から八幡坂にかけて工事が始まった。この工事に合わせて、あまりに急だった八幡坂をゆるやかにする工事も行なわれた（坂上が、八幡坂中間の第三西門あたりだった）。かつては「立ちんぼう」と呼ばれる荷車押しを手伝う職業の人が数人いて繁昌したほどの急坂だったのだという。歩きやすくなった早稲田通りは、高田馬場駅をより身近にしていく。『東京古書組合五十年史』収録の『全国主要都市古本店分布図集成』の早稲田（昭和一四（一九三九）年）を見ると、工事の約一〇年後には、八幡坂周辺の古本屋を除けば、早大通り沿いが二一軒、早稲田通り沿いが二二軒とほぼ同じ数になっている。道路拡張工事後に街の比重は、あきらかに高田馬場側へ傾き始めていた。別冊太陽「早稲田百人」には「古本屋地図」として戦前の、早稲田通り沿い古本屋の記述がある。

戦前には右側に古本屋が集中していた。左側は大学への人の流れから外れていたが、しにせの稲光堂、洋書の白欧堂、文献堂、美術関係の一言堂。右側には尾崎一雄の小説で有名な大観堂、その一軒先がオランダ書房で、主人は川柳研究の岡田甫、三笠書房もひとときここに社屋をかまえていた。

昭和一二（一九三七）年六月三〇日発行の『早稲田大学新聞』には、ひさしぶりに早稲田（諏訪町）の地へ越してきた作家・浅見淵の「早稲田」という文章が掲載されている。

だが、何年かぶりで早稲田の近くに棲んでみて、いまさらのやうに僕が痛感したのは早稲田の街の変遷である。僕たち学生時代は出掛ける盛り場といふと神楽坂で、したがつて大学から神楽坂へかけての一帯の下宿をみんなは覘つたものである。また、その一帯の下宿にはなかなか空き間が見附からなかつたものだ。しかるに、いまや早稲田のメイン・ストリートは大学から高田ノ馬場にいたる戸塚の大通りにかはり、鶴巻町の古本屋に年期奉公してこの通りに新しく店をだしたそのかみの小僧連のはうが、主人の店よりはるかに豪勢な商ひ振りをみせてゐるといふ奇怪な現象を生んでゐるのである。

バスに乗れば五銭で新宿、一〇銭で新橋に行けるとも記述がある。昭和九（一九三四）年には環状五号線である明治通りが全線開通。新宿へ至る道が、早稲田通りと交差した。このように、昭和になったころの早稲田という街は、神楽坂方面に背を向け始める。飯田橋駅ができたころの神楽坂は、表からだけではなく、裏からも戸を閉められつつあったのである。

本土初空襲一番機、早稲田へ

真珠湾攻撃からわずか五ヵ月後の昭和一七（一九四二）年四月一八日の朝七時二〇分、太平洋上に浮かぶ空母ホーネットからジェームズ・ハロルド・ドーリットル中佐率いる爆撃機、ノースアメリカンB25ミッチェル一六機が飛び立った。これは「ドーリットル空襲」といわれるルーズベルトの命による真珠湾攻撃の報復作戦ともいえるもので、米軍による本土初空襲となった。陸軍機を空母から発進させ、軍事施設爆撃後に中国大陸の基地に下りるという特攻作戦である。東京をはじめ、川崎、横須賀、名古屋、四日市、神戸などが次々と空襲を受けた。隊長のドーリットル自ら操縦する一番機は茨城県久慈郡あたりから本土へ進入。南下して東京を目指す。この機の目標は後楽園、現在東京ドームがある場所に存在した陸軍造兵廠東京工廠（兵器工場）であった。しかしながら爆撃機は、この地を空爆することなく、通過してしまう。そして、古本屋が並ぶ早稲田鶴巻町へやってきた。

爆撃機は文京区水道町方面から飛来、現在の目白通りと外苑東通りの鶴巻町交差点付近より早稲田に侵入、現在、文学部があるブロック戸山町の陸軍幼年学校付近までが被害にあった。この時、古本屋にいながらこの空襲を体験した人物がいる。後に学徒出陣で飛行学校に入った田中扶士彦が書いた『飛行機野郎の簞笥から出てきた思い出トランプ』に記述がある。そのころでも早稲田は英語の授業が存在しており、教材として使用されていた『風と共に去りぬ』を探していたそうだ。「古本屋の店頭には原語版が置かれており、私が探している最中に、爆撃機が飛来したのである。空襲警報は出ていない。市電も走っていた。昼頃で街はにぎわっていた。まさか、この時期に敵の飛行機が来るとは思っていなかった」。本には「B25はその古本屋街に焼夷弾を落とし、古本屋は一軒残らず焼けてしまった」とあるが、どうであろうか。『ドーリットル空襲秘録　日米全調査』によると、この空襲による早稲田の人的被害は死者二名、重傷者四名、軽症者一五名。全焼家屋三六棟四四戸、半焼家屋六棟二〇戸である。『東京大空襲・戦災誌』の第二巻に掲載されている「初空襲被弾図〈牛込消防署調べ〉」によると、早大通り付近で一番の被害があったのは鶴巻小学校のあるブロックだ。爆撃機はこの通りを斜めに通って広い範囲に焼夷弾投下をしている。古本屋が集中している正門前の数ブロックに被弾はない。東京古書組合の昭和一七（一九四二）年の名簿によれば、通り沿いの古本屋は二三軒。正門前から通りの終点側の山吹町まで広い範囲で分布している。被害記録から見ても、さすがに「古本屋全滅」は、ないだろう。

三月の東京大空襲により東京の下町は壊滅的なダメージを受けたが、その後も空襲は終わらず、早稲田古本屋街にとって運命の昭和二〇（一九四五）年五月二五日がやってくる。この日、その三月以来のB29約五〇〇機による山の手地区爆撃が行なわれ、焼け残っていた東京の大部が焦土となった。早稲田も例外ではなく被害にあった。早稲田大学も、三分の一の校舎が被害を受けた。二六日の朝になって現れたのは、一面の焼け野原である。早大通りも、その先の神楽坂も、すべて燃え尽きた。『東京戦災誌』所載の消防庁による「空襲被害区域」には区の被害が町ごとに報告されているのだが、早大通り、神楽坂を含む牛込区の表記はただ一言「管内大部」である。この空襲で、明治のころからの早大生の思い出も、古本屋店頭のやりとりもすべて灰になった。提灯行列の賑わいも、下宿生活の思い出も、古本屋店頭のやりとりもすべて灰になった。終戦後、早稲田初の古本屋である河鍋書肆の二代目、河鍋肇英が早稲田大学の正門から神楽坂方面を見ると、焼け野原の向こう側に飯田橋駅が見えたという。

こうして、消滅してしまった早大通りの早稲田古本屋街だが、早稲田にも焼け残った地区があった。それが現在の早稲田古本屋街が立ち並ぶ八幡坂上の早稲田通り沿いである。昭和に入り、勢いをつけていた高田馬場方面への道は、生き残ったのだ。手元に昭和三三（一九五八）年の東京古書組合名簿がある。昭和一七（一九四二）年の名簿に掲載されていた店舗で残っているのは、高田馬場へ向かう早稲田通り沿いでは八軒、そして、早大通り沿いから神楽坂までの店舗はゼロ軒だ。前述の八軒のうち、河鍋書肆は店舗なしの買取専門店になり、後に大観堂書店、前野書店、広文堂書店は新刊書店に転業する。残りの四軒のうち、現在も営業しているのは稲光堂書店と照文堂書店だけなのである。この二軒は、ともに昭和になってから創業した古本屋である。

古本屋は残った。しかし、明治から続いてきた戦前の「早稲田古本屋街」は、やはりあの空襲によって「街の記憶」とともに消滅したのではないだろうか。先に書いた名簿比較による、早大通り沿いから神楽坂までの店舗は一軒もないという事実。そして現在も、この地区に組合加入の古本屋は、ないのである。

この後、早稲田通りには古本屋が次々と集まってくるようになる。新宿区内の古本屋とともに、灰の中から種を拾い出して育てる作業が続いていく。その場所へ、店主たちは呼ばれるようにこの地へ集まってくるのだ。戦後早稲田古本屋街の歴史は、ここから始まる。

第一章　早稲田の三羽烏

競る——文英堂書店

早稲田古本屋街に三羽烏あり、といわれていた時代があった。当時、昭和三〇年代に入ったころ、各地で開かれていた業者の市場には常に三羽烏の姿があり、振り市（いわゆる競り市である）では三人の声が毎日のように交錯した。三羽烏とは、三楽《さんらく》書房・佐藤茂（大正一四〔一九二五〕年生まれ、昭和二七〔一九五二〕年創業）、二朗《じろう》書房・日野原《ひのはら》二郎（大正一四〔一九二五〕年生まれ、昭和二八〔一九五三〕年創業）、そして、この物語の主人公である文英堂《ぶんえいどう》書店・吉原《よしわら》三郎（昭和二〔一九二七〕年生まれ、昭和三〇〔一九五五〕年創業）のことである。年齢も開業時期も近かった三人は、良き友でありライバルであった。

現在営業している早稲田古本屋街の多くの店主たちが、他地区からの移転や、古書店での修行を終えて独立したりなどで集まってくるのは、昭和四〇年代に入ってからである（昭和四三〔一九六八〕年には新旧店主の親睦を主旨として「戸塚班会」〔現・早稲田班会〕という会合が誕生する）。三人の古本屋生活も一〇年を越え、脂が乗ってきた時期だ。必然的に、戦後の早稲田古本屋街を牽引していく役目を担うことになった。後に早稲田古本屋街が、いわゆる即売展である古本市を立ち上げることになった際にも、中心として活躍することになる。早稲田古本屋街の物語は、この三人から書き始めることにする。

吉原三郎は新潟県長岡市の生まれである。九人兄弟の五人目三男。実家は農家であった。大家族の三男だった吉原は、小さいころから将来上京して職を求めなければいけないと思って過ごすような環境にあった。その時は思いのほか早かった。現在でいえば中学にあたる高等小学校の一年を終了した時期に、吉原は働きに出ることになったのである。母の弟が営む東京の店で、働いていいということになったのだ。卒業を待たず、東京へ。その店は千代田区神保町にあった。古書店の玉英堂書店である。長岡から両親とともに汽車に乗り、東京は上野駅へ向かう。当時は上野駅まで約八時間もかかった。電車を乗り継ぎ神保町へ。本屋がズラリと並ぶ、一面中が田んぼという場所から出てきた少年には不思議な光景が広がる街がそこにはあった。「着いたぞ」。木造の建物を見上げ、明日からの自分の生活を思った。昭和一六（一九四一）年の春のことである。太平洋戦争は、目前までせまっている。

玉英堂書店には、吉原の他に店員が三人、女中が一人いた。古株の店員は簡易ベッドなどを出して店舗で、他の店員は階上に寝ていたのだという。朝は、七時ごろから掃除が始まる。九時前には、開店していた。

「掃除は一時間ぐらいかかりましたね。あのころはまず店内の床にね、バケツで水をサーッと流すんです。お清めみたいなものです。今は床がコンクリートじゃないし、通路にも本が置いてあったりするからやらないでしょうけど当時はどこもやっていましたね。通路に本がドッサリ置いてあるようになるのは戦後ずいぶん経ってからですよ。昭和五〇年を過ぎたころからでしょう。本の量が豊かになるのがそれくらいですから。それまでは集めるのも大変だったんです。当時も新しく入った本は、次の日の朝一番で棚に出していました。それはベテランの店員さんの役目です。最初のころはみんなそうでしょうけど落丁繰りをやらされました。一冊一冊確認していくわけです。あとは社長が市場で買った本を取りに行ったりですね。東京古書会館、当時はまだ東京図書倶楽部といいましたが、そこへ取りに行くわけです。歩いてすぐでしたし、当時はまだ本も少なかったので風呂敷持っていって担いで持ってきました。よく売れていた平凡社の『大百科事典』や冨山房の『国民百科大辞典』などの揃い物を買った時は数回往復したものです」

昭和一七（一九四二）年、東京初空襲があったころ（早稲田鶴巻町に焼夷弾が落とされたあの空襲である）、本を売る家が多くなったと吉原は言う。リヤカーを引いて、世田谷方面まで買いに行ったこともあったそうだ。坂が多く、大変な苦労だったという。その後、店員は吉原ひとりになる。先輩店員が、全員徴兵に取られたのだ。夜間の専門学校に通いながらの古本屋生活が続いた。『東京古書組合五十年史』によれば、当時は神保町の店主たちも勤労奉仕に出なければならなくなり、大変な状況だったのだという（店員の代理などは認められなかったそうだ）。結局、昭和一九（一九四四）年、商売もままならない状態になり、吉原は疎開で故郷へ戻ることになった。数年という短い経験であったが、忘れられない思い出を胸に東京を離れた。戻ってくるのかどうかなどは、考えなかったそうだ。故郷では旧制中学に入学。ここで終戦を迎え、昭和二三（一九四八）年に卒業した。その時、戦後の自分が生きていく道は、まだ見つかっていなかった。

就職口を探そうとしていた吉原に、家族から告げられたのは灯台下暗しの声であった。「また、玉英堂で働いて欲しいそうだよ」。再び東京へ。また、ひとりだけの店員生活が始まった。ちなみに吉原は戦後、復員した先輩店員に会う機会があったそうだ。皆、無事だったものの、いろいろな事情があり古本屋には戻らなかったのだという。戦争によっていくつかの、どこかの街に開店するかもしれなかった古本屋の可能性は、誰に知られることもなく消えていってしまったのであった。

昭和二八（一九五三）年、玉英堂にひとり店員が入ってきた。名前を岸明治《あきはる》という。後に同じ早稲田で古本屋「岸書店」を営むことになる人物である。岸の入店は、吉原にとってひとつの転機となった。店員がふたりとなったので、独立が現実的になったのである。戦前からのキャリアを入れれば、修行期間も長くなっていた。そして二年後の昭和三〇（一九五五）年、吉原は独立することになる。店舗の場所なども、特に考えていたわけではなかった。

「結局早稲田で開店することになるのですが、特に思い入れがあったというわけではないんですね。とにかく本が少ない時代でしたから神保町の店員なんかは休日などに各地でセドリをしていたんです。だから早稲田に古本屋が集まっていることも知っていましたし。でも、結局は新聞広告なんです。貸店舗有りの広告が出ていたんですよ。それが安くてね、家賃が。本当にそれだけですよ。場所は、今の西北書房さんのところです。西北さんは後に私の紹介であそこに入ったんです。本は、独立前にあった一口物の仕入れをそのまま譲っていただきました。一口物ったってリヤカーに一、二台分です。棚なんか埋まりません。分野も、早稲田ではいいといわれる文学を中心にやってみることにしました。いや、わからないんですよ。当時の玉英堂は法律書や理工書が得意な店だったですから。最初は海外文学から始めたんです。もちろん専門、というわけではありません。今みたいにたくさんの本がある中からそのジャンルだけ集めるなんてできない時代でしたから。少しずつ集めて、そこから日本文学や思想書など早稲田で売れるといわれていたものを揃えていったのです。とにかく並べた本なんかわずかだったし、これからの自分の店の方向というのは自由に選択できたのでね。わからない本を売りながら、勉強していったわけです」

こうして、文英堂書店は開店した。翌、昭和三一（一九五六）年、先ほど書いた神保町店員時代からの知り合いである鈴木藤好（西北書房を開業）に店を譲り、現在の文英堂書店の隣、高田馬場寄りの巣鴨信用金庫が建つ前の建物へ移転。昭和四一（一九六六）年、巣鴨信用金庫が入るビルの建築のために立ち退き移転。現在の場所に至る。平成二（一九九〇）年にはビルを新築した。三人の時代は、すぐそこまで来ている。

本が足りないので、セドリにもよく行った。東横線沿線へは、よく通った。住宅街が背後にあるような街では、いい本が安く買えたのだという。もちろん古本市場へも行った。早稲田古本屋街は、東京古書籍商業協同組合（以下東京古書組合）の新宿支部（かつては第二支部といった。昭和四四〔一九六九〕年まで、東京組合は一〇支部から構成されていた。神田〔神保町〕が第一支部にあたる。東京各地の古書会館建設時に再編が行なわれ、現在は七支部からなる）に属する。新宿支部は名前の通り、新宿区内の古本屋によって構成される支部である。当時、支部が運営していた市場の会場は、歌舞伎町さくら通りの一草堂書店という古本屋の二階だった。支部が運営といっても、他支部の人も売買できるオープンな市である。新宿という地の利もあり、他支部の店主もたくさん訪れ、盛況だったたという。

ここで少し、この一草堂書店での開催に至るまでの新宿支部の戦後市場変遷について書く。市場が再開されたのは昭和二二（一九四七）年。場所は水稲荷神社社務所である。とはいっても現在の水稲荷神社とは場所が違う。現在の場所は、虹書店や照文堂の裏手であるが、当時は穴八幡宮の通り向かい、メープルブックスの斜め前。現在は早稲田大学の第三西門がある場所が参道入口であった。その後、昭和二五（一九五〇）年五月に高田馬場駅近くの古物市場、七月に下落合の落合労働組合建築事務所の二階と変わっていく。しかし、いかんせん他地区からの来訪者も少なく、良い場所を求めて歌舞伎町へ。昭和二七（一九五二）年三月、「キャバレー不夜城」近くの松葉旅館別館で歌舞伎町時代の幕開け。一〇月、ここは「不夜城」の増築による解体で移ることになり、大久保の寿司店「千成寿司」へ。奥座敷で開催しており、寿司をつまむものもいたそうだ（にぎり一人前八〇円だったとか）。しかし、奥座敷は狭く困っていたところ、昭和二八（一九五三）年、店を新築した、同業者である一草堂書店店主の好意で、二階にて開催させてもらえることになった。

「そのころの振り手（競り市を仕切る人物。オークショニア）は柳町さん（柳町鈴木書店）でした。他に市場では新宿の鈴平書店さん、四谷の古瀬書店さんなどが中心でした。最初はやっぱりなかなか買えませんでしたよ。だからなおさらセドリに励まなければならないという感じだったんですね。それから、このころは買った本は当日に現金払いでした。だから前日に店で売れたお金を持っていって、その分だけしか買えない。次回までに、というシステムもあったのですが、若造は相手にしてもらえません。そう言ってもらえるようになったのは一〇年くらい経ってからですね」

市場へ行くようになると、そのたびに一緒になる人物が二人いた。同じ早稲田古本屋街の三楽書房の佐藤と、二朗書房の日野原である。現在は曜日によって各古書市場の開催が決まっているのだが、当時は渋谷が二・七のつく日、池袋は三・八のつく日、新宿は五・十のつく日というように、東京のどこかで毎日のように市場があった。そのどこに行っても三人がいる。早稲田に戦前からある古本屋は教科書販売を商いの中心としており、仕入れは学生からなので、市場にはあまり出入りをしていなかった。そのようなことから、市場に出入りをする早稲田の人間は、三人が中心となっていく。少ない本を求めて毎日のように市場へ通い先輩相手に挑んでいく三人。そんな姿を見た同業者から、いつしか「早稲田の三羽烏」と名付けられた。一草堂書店での市場はその後、昭和三四（一九五九）年には新宿区役所通りの職安通り側にある稲荷鬼王神社へ、昭和三八（一九六三）年には、早稲田大学との用地交換により現在の場所へ移転してきた水稲荷神社へ再び戻ってきた（神社の移転も同年である）。市場には他支部から早稲田向きの文学書などが持ち込まれ活気が出ており、早稲田の三羽烏も、買値を声に出せば場の雰囲気を変えるような存在になっていた。キャリアや年齢も近く、お互いに負けず嫌いの性格。売れ筋の本などが出品されるや、まったく儲けが出ないどころか、売値を超えてしまうこともあった。お互いに、引かないのだ。

「同じ土地で同じような本をみんな売ってるんだから大変でした。まだ、いかにも古本というような本は少なかったですからね。定価があるような本を競っているわけです。みんな負けず嫌いだったからねぇ（笑）。でも今思えば、この時代は本を買いやすい面もありました。定価ぐらいで仕入れても、すぐに品切れになって古書価が上がりましたから。少し寝かさなければいけないわけですが、いい本は本当に奪い合いでしたから。無理しないと買えないんですね。市場で声をあげれば、それをねじ伏せるように声をあげてくる、それがいつも三楽さんだったり二朗さんだったんです。まわりは『またやってるよ』なんて思っていたかもしれないね（笑）」

昭和四二（一九六七）年、高円寺に西部古書会館が建設されて長い市場移転に決着。中央線支部との合同運営市場として安定した運営に入る（現在、新宿支部は「協力」という関係）。

古書市場が水稲荷に戻ってきたころから早稲田の街には、いろいろと変化がおきていく。翌年の昭和三九（一九六四）年、地下鉄東西線が開通した。千葉の西船橋から中野でJR中央線に乗り入れ三鷹まで走る、まさに「東西」線である。開業時は、高田馬場から九段下まで、間に早稲田、神楽坂、飯田橋の三駅を置いた短い路線でスタートした。その後、昭和四一（一九六六）年には、中野から高田馬場間、九段下から竹橋間、次いで大手町までが開通。西船橋まで開通するのは昭和四四（一九六九）年である。人の流れも変わったであろうことは想像に難くない。早稲田古本屋街の大多数の店がある早稲田通りを、大学の正門から高田馬場駅まで歩けば約二〇分はかかる。それが大学に近い早稲田駅から地下鉄に乗れば、その時間でかなりのところまで行けるのだ。東京を真横に串刺しにしたこの地下鉄は、かなりの数の学生の「通学路」を短くしたことだろう。建設時は夜通しの工事だったそうで、平野書店側の歩道を掘り返していた。当時は木造だった西北書房などは、工事のせいで家が傾いたのだという。筆者は以前ある店主から、この地下鉄ができた時に古本屋街は大打撃を受けたらしい、と聞いたことがあった（当時開店していない店主である）。しかし、当時すでに営業していた店主たちに聞いてみると少し違った。確かに早稲田通りを歩く人数は減っていった。しかし本の売り上げは、ほとんど落ちなかった。それは昭和四一（一九六六）年暮れから翌年五月までの学生会館闘争・学費値上げ反対闘争時における全学ストライキ（約半年の間、大学機能が停止）の時も同じである。「デモしている学生だってよく買いにきたよ」（五十嵐書店・五十嵐智）。とにかく当時は学生がよく本を読んだ時代であり、多少の売上減少はあったとしても、売り上げの分母がとにかく大きかったのだ。店主たちが口を揃えて言うのはただひとつ、「どんなことがあったとしても、今よりは間違いなく売れてたよ」である。人が思う「学生街の古本屋」のイメージに一番近いのは、この時期なのではないだろうか。東西線が順調に路線を延ばしていた昭和四三（一九六八）年九月、街の風景のひとつとしてあった都電の高田馬場駅から面影橋を通り茅場町まで走った系統、早稲田から伝通院を通り、墨田川流れる厩橋のほうまで走っていた系統が営業中止となる。早稲田電停そばにあった都電の早稲田車庫も消えることになった。現在は都バスの車庫に変わっている。

昭和四〇年代半ばからは、早稲田古本屋街が凝縮していく時代に入る。「個」の時代から「集団」の時代へ。きっかけは古本市、いわゆる外売りである。古本屋街も店舗数が増えてきて売り上げに陰りが見え始めたころ、協力しあって古本市を立ち上げたのが昭和四六（一九七一）年。後にＢＩＧＢＯＸが建つ場所である高田馬場駅前広場で早稲田初の古本市が開かれる。そのころ、三楽書房は新刊書店に転業していたものの、二朗書房の日野原は新宿支部長として、吉原は実行委員長として、この古本市の立ち上げに尽力した。この後も、数々の古本市が始まっていく。そのほとんどの催事の初期を、吉原は要職として引っ張っていくことになる。

昭和五七（一九八二）年、六〇歳を前にして二朗書房の日野原二郎が亡くなった。そして現在、三楽書房の佐藤茂は病気のために代を譲り引退をした。

「市場ではライバルだったとはいえ、毎日のように一緒だったですからね。お互いに、自分の生きてきた道そのものですよ。みんな、自分自身のような存在なんですね」

今も吉原は、神保町の市場へと通い続けている。

陽光が戻る場所——三楽書房

平成一二（二〇〇〇）年の一〇月六日。早稲田古本屋街が年に一度開催する早稲田青空古本祭の最終日。この日をもって休業することを、店主は決めていた。三楽書房店主である佐藤茂の歴史は、病気との闘いの歴史である。そしてこの年、自分の体力の限界を感じて、休業を決意した。思うように仕入れに行くこともできず、新しい本を並べることもできない。そんな状況が続いていることに、もちろん満足はしていなかった。

決意をしたのは直前ではない。それでも、この日まで店を続けてきたのには訳がある。約五〇年近く、この地で商売を続けてきた。その街で最大の催事である、穴八幡宮での早稲田青空古本祭に水をさすのではないかと、開催が終わるまでは続けようとの思いからである。早稲田の古本屋の中では珍しく、三人の店主を自分の店から巣立たせ、同じ早稲田にて開業させることができた。商店会会長や、町会長として他業種の人たちとも交流した。そんな自分の生きてきた証が、この街にはあふれている。しばらくの間は、そんな自分の足跡を思う日々であった。

そして、古本祭の喧騒が消えていく一〇月六日の夜。シャッターは静かに下りた。こうして三楽書房は、いつ再開するかもわからない休業に入った。

店主である佐藤茂は大正一四（一九二五）年、山梨県の塩山市で生まれた。中里介山の小説『大菩薩峠』で知られる峠の登山口にあたる地である。父の実家は農家であったが、次男である父親は農家を手伝わずに、塩山駅前で酒屋を営んでいた。佐藤の通う塩山小学校は、山梨県で二番目に大きな学校であった。第一、第二と校舎の分かれているような大学校である。やんちゃな子供だった佐藤はリーダーシップもあり、級長も務めた。スポーツも得意だった。学校での球技は、男子がキックベースボール（基本的に野球と同じルールだが、ボールはサッカーボール、バットは使わず転がってくるボールを蹴るという球技）、女子はドッジボールだったという。佐藤はキックベースボールの選手に選ばれて、県大会などにも出場した。走り高跳びも県レベルではともかく、学校ではトップクラスだったという。まさに元気を絵に描いたような子供だったのである。

高等小学校を卒業後、昭和一六（一九四一）年に東京へ出ることになり、大田区蒲田に住むことになった。昼間は学校の先生の紹介ですることになったボイラー専門商社での雑用係をすることになり、夜間は学校に通うことにしたのである。会社は日本橋にあった。昼間の仕事はそれほど忙しいものではなかった。書類などを他の会社へ届けたり、届いた手紙を分類したりの事務作業である。なんとなく、一日が終わるような感じだった。そのころ、すでに配給制になっており、毎日腹を空かしていた。そんな当時、佐藤は夜間学校の近くにあった千代田区の駿河台図書館を重宝した。ここではなぜかコッペパンが買えたのである。そんな些細なことが、幸せな時代だったという。

その後は、山梨に戻ることになった。官立山梨工業専門学校（現・国立山梨大学）に入学したからである。さらに工業教員養成所機械科へと進む。理工科系統と教員養成諸学校学生は徴兵猶予が継続されていたので、卒業までは全力で勉強しようと誓った数年後、終戦が訪れた。

昭和二二（一九四七）年に卒業。一度は教員以外の道も考えた。しかし戦後の混乱期、復員兵の復職などで精一杯で、新卒が受け入れられるような余裕はなかった。結局は教員を目指すしかない。佐藤は再び東京へと向かうことにした。

教員としての職を求めて、都庁を訪れる。教員審査などについて、いろいろと説明を聞いたりしているうちに偶然、ある男性と会話が生まれた。所用で訪れていたのだというその男性は、都立中野工業学校（現・都立中野工業高等学校）の校長をしている人物だった。右左もわからずに地方から出てきた若者を憐れに思ったのか、校長はこう告げた。「もし、うちでよければ来ればいい」。

もちろん佐藤は即決した。機械科の教師として、戦後を歩き始めることになった。

幸運を受けて始まった教師生活だったが、一年後、今度は不幸に襲われた。しばらく体調不良を感じていたものの、それほど気にしていなかった佐藤は、ある日立ち上がることができなくなった。診断は腰椎カリエス。結核性の腰椎炎で、当時は治療薬も手に入らない難病であった（あの正岡子規も悩まされた病いである）。戦中の栄養失調や、重い荷物を持って無理をしていた買い出しが原因ではないかと告げられた。学校は休職扱いになった。御茶ノ水駅のそば、東京都教職員互助会が経営する三楽病院に入院。長い闘病生活に入る。

その後、山梨の実家へ療養に戻った。良くなる気配もなく、新たな病いだけがやってくる。入退院を繰り返すだけの生活が続いた。そんな事態が好転したのは昭和二五（一九五〇）年である。あるルートから、結核治療薬であるストレプトマイシンが手に入ったのである。当時は、驚くほど高額な薬だった。値段どうこうではない。家族全員の、最後の頼みの綱だった。

長かったトンネルに、光が見えた。効果が現れ、少しずつ回復していくのがわかった。

「歩くことさえ困難な状態でしたから。もちろん、すぐに全快とはなりませんでしたが山は越えた感じがしました。とにかくこの病気の時は母親がつきっきりで看病してくれたんですね。この後、療養で東京に戻るのですが、そこにも母親はついてきてくれたのです。本当に、優しい母親でした。教員は、退職扱いになりました。東京の拠点も変わったんです。親戚の家にお世話になることになったのです。当時、世田谷区の三軒茶屋にあった三茶書房（その後、同区池尻へ移転。現在は神保町にて営業）の岩森亀一さんのところでした」

店の手伝いをするというわけではなかったが、たまにある縁日の夜店での古本販売は楽しみだった。店前の道路に子供の本などを並べていると、本当によく売れた。裸電球が揺れる前にたくさんの人だかり。それを佐藤は眺めていた。仕事をやめて四年が経った。曖昧ではあるが、ようやく新しい自分の生活が見えたような気がした。自分もこの商売を、古本を売ってみたいという気持ちである。さらに、病気で股関節が不自由になっていた佐藤にとって、見ている限りでは「座って仕事ができる」というのも現実的な職業としてイメージができた。古本屋稼業が力仕事だということなど、知る由もない。

「三茶さんには反対されましたよ。古本屋って重労働だからねぇ。その身体じゃ無理だってことなんだろうね。実家の方からも反対されてね。まぁ、生きているだけでも、というような重病でしたから。みんなも無理するなってことだったんでしょう。あとは、本の知識ですね。教師ったって、仕事用の理系の本が自分の棚にあるぐらいで、読書家ではなかったので。そんな状態で一からできるのかって思われたでしょうね。それでも、いつまでも他人の世話になっているわけにもいきません。教員の退職金を使ってはじめようと店舗を探し始めることにしたんです」。昭和二七（一九五二）年のことである。

母親とともに山手線の駅周辺を中心に探すことにした。しかし、戦中、戦後と東京に住んでいた時期はあったものの、あちこち出歩くことがなかったので、まったく土地勘がない状態である。

知らない街を、歩いて探す。いい店舗があっても家賃が高くて断念することが多く、一週間近く探しても、なにひとつ成果がなく過ぎていった。ある日、佐藤は高田馬場駅に降り立つ。駅前には、都電が走っていた（昭和二四〔一九四九〕年に高田馬場と面影橋間が開通。駅から早稲田通りを走り、明治通りを左折。この辺りに「戸塚二丁目」の電停があり、面影橋まで走った。この路線は昭和四三〔一九六八〕年に営業停止になる。また、この明治通りには昭和三一〔一九五六〕年から、品川駅と池袋駅を往復していたトロリーバスが走るようになり、早稲田通りとの交差点は架線が空を埋めていた。この路線は昭和四二〔一九六七〕年に廃止）。都電と並んで、早稲田大学方面へと歩く。明治通りを超えてしばらく歩くと、小さいながらも安い物件が見つかった。場所は、現在の鶴本書店の数軒高田馬場寄り（現在は倉庫が建っている）にあった建物である。

「時計屋さんが大家さんでね。ひとつの店舗をふたつに間仕切りしたようなところでした。真四角の狭い店舗だったですね。それでもとにかく安かった。本もそれほどないのだし、これでいいかなって思ってね。最初は自分の名前を付けて佐藤書店にしました。奥には二畳ほどの座敷があって、ここに母親と住むことになりました。布団置くのもやっとでね。開店中は棚の上に乗っけてましたよ、布団を（笑）」

「早稲田の三羽烏」の中で、開店が一番早いのが佐藤である。当時、早稲田通りにはまだ古本屋はほとんどなく、稲光堂書店、照文堂書店、大観堂書店、その後廃業した店舗では、早稲田大学の卒業生の中で伝説的に語られる文献堂書店（昭和六〔一九三一〕年創業。昭和五六〔一九八一〕年、二代目店主・小野茂氏がバイク事故により逝去。妻・ふえ子氏が継ぐも平成二〔一九九〇〕年に閉店）、白欧堂書店、日高書店、伊豆書房、一言堂（ここの店主が、尾崎一雄に電報で大観堂書店店主の死を報せた）、大進堂書店ぐらいなもので、他の早稲田周辺の書店を入れても、十数軒ばかりだった。取り扱っている本も教科書や硬い内容の本が多かった。

本がない時代だった。だからこそ、よく売れもした。開店初日から売り上げは上々。仕入れもままならずに、出版社の見切り本を買いに上野の特価本問屋に出かけて仕入れてきた。他の店が扱わないような大衆小説などのやわらかい内容の雑誌であり、それが他店との差異にもなった。中小出版社が次々と倒産した時期でもあり、特価本でも良い本がたくさんあったのだという。

古書市場にも顔を出すようになる。当時、新宿区内の古本屋の組合が運営していた市は、歌舞伎町にあった松葉旅館別館。旅館といっても空き家である。しかも、何かの差し押さえ家財が置きっぱなしになっており、隅の板の間で少量の本が振り市にて売り買いされていた。皆、風呂敷に売りたい本を包んで持ってきて、買った本をまた包んで持って帰っていたそうだ。大先輩に囲まれた中で、新人が瞬時に値段を決めて声を出すということは大変なことである。まったくの素人であった佐藤が慣れるまでには、時間がかかった。文英堂書店の項で書いたような「早稲田の三羽烏」が競り合う日々は、もう少し後の話である。

昭和二九（一九五四）年、佐藤書店は移転する。現在の新井書店のある場所である。この場所は、かつて新井書店があった場所だった（当時は高田馬場駅前で営業。その後、この店舗へ戻ってくることに）。ここを新井が仲介してくれるという。本も売れていたし、少し広い店舗を希望していた佐藤には有難い話であった。移転を決意したものの、旧店舗は契約が一年ほど残っている。そこで郷里・山梨にいた父親を呼ぶことにした。酒屋を営んでいた父親だったが、戦時中の企業整備により廃業に追い込まれ、戦後は細々と農業を手伝っていたのだという。一緒に暮らす母親のためにも、旧店舗を父親の店として続けることにした。アパートを借りて両親をともに住ませることができた。自身もこの年に結婚。新店舗の奥で新婚生活が始まった。一年後、契約満了で旧店舗は閉店。父親は目白へ移り、佐藤書店を続けることになる。

昭和三一（一九五六）年、再び佐藤書店が動いた。新しく自宅兼店舗を購入することにしたのである。新しく店舗ができたのが、現在の場所である。はっきりいって、廃墟のような建物だった。通り向かいの建物も候補にあったのだが、それでも日当たりを考えて（古書現世などがある側の通りは、午後は日陰になる）、現在の場所に決めたのである。元の佐藤書店も、そのまま継続。現在は早稲田で店舗を営む浅川書店、三幸書房、安藤書店はこの店から巣立った（その後、佐藤書店が閉店するのは、安藤書店となる安藤彰彦〔妻・緑の弟である〕が独立した昭和四五〔一九七〇〕年である）。新しい建物に入った店舗は、同じ「佐藤書店」というのも紛らわしいので店名を変えることにした。店名を考えた時、自分の人生を変えた闘病生活の日々を思い出した。その時にお世話になった三楽病院。感謝の気持ちと、自分の原点を大事にしようという気持ちから、「三楽」をもらい三楽書房とすることにした。かつては棚の上に布団を乗せていた小さな城の主は、気がつけば二つの城の主となっていたのである。

昭和四一（一九六六）年、三楽書房の建物が新築となる。そこで、古本屋が二軒という形態を変えることにして、三楽書房を新刊書店にすることにした。幸いなことに、取次を二朗書房の日野原二郎に紹介してもらい、それほどの苦労もなく開店できたのだという。始まった新刊書店としての日々は、小さい店ながら忙しかった。

「新刊書店は大変でしたよ。古本みたいに入荷したものを積んだままにできないですしね。朝の六時半に取次さんが本を届けにくるんです。それを開店までに並べてね。そのころは二階で雀荘も経営してたんだ。少しでも借金の足しにって（笑）。夜中もやってたから、夫婦揃って一日中働いてるような感じで。若かったんだねぇ。新刊書店は一〇年と少し、昭和五二（一九七七）年まで続けました。後期は厳しかったですよ。だんだんとね、婦人誌なんかにしても細分化していってね。総合誌だったのが、料理は料理だけというように増えていった。さらに料理番組ごとにテキストが違うとかね。小さい店じゃ足りないんだ、置き場が。あちこちに大きい書店も増えてきて、七〇年代に入ると商品もね、うちみたいな小さい書店には本がまわってこなくなってきたの。身体的にもつらいし、潮時かなと思ってやめることにしました。いやぁ、新刊書店になったころから数年間は古本の初版本ブームでね。戦後作家はなんでも売れたんだ。早稲田の店なんか取次や版元の倉庫に直接行って初版集めたりしてみんな儲かったって。その時に自分は新刊売ってるんだから損しちゃったかな（笑）」

佐藤が新刊書店を営んでいた時期は、言葉にもあるように書店大型化時代の真っ最中であった。新宿に紀伊國屋書店が巨大ビルを建てて業界を驚かせたのが昭和三九（一九六四）年。渋谷の大盛堂書店の開業が、三楽書房が新刊書店を開業した年でもある昭和四一（一九六六）年。他業種からの書店参入も話題となった。鉄道弘済会の弘栄堂書店が昭和四四（一九六九）年に吉祥寺駅に出店。そして、三楽書房が新刊書店をやめた一年後の昭和五三（一九七八）年には書店組合による出店反対運動までがおきた鹿島建設による超大型店、八重洲ブックセンターがオープンする。この時期、いわゆる街の本屋にとっては、雑誌の多様化、配本数の減少、文庫戦争による客単価の減少も打撃だったのだろう。現在まで続く書店問題の芽が感じられる話だ。出版点数も増え、昭和五一（一九七六）年には売り上げが一兆円を超えた出版業界ではあるが、基本的に昭和五〇年代は出版界不況の年代である（『出版データブック 1945～2000』によれば、昭和五一年、書籍が二ヶ月連続で返品率が四〇％を超え、売り上げが一兆円を超えるも前年比伸び率が約九％と久しぶりの一〇％割れ。この後も長い不況が続くことになる）。しかし、出版界の不況を他所に、古本の世界では流通する古本の量が増えていく。次々に出版されていく一般書が、あふれ始める。販売する本を集めることに苦心していた早稲田の若手古本屋たちが本を仕入れやすくなっていき、それらの店主が底上げして高田馬場駅前のＢＩＧＢＯＸ古書感謝市（昭和四九〔一九七四〕年開始）が活気づいていくことになる。早稲田大学に関係していない一般客との接点へ向かい始めた早稲田古本屋街にとって、出版業界の産業化は、当時としては追い風になったのではないだろうか。

新刊書店をやめることに決めた佐藤は、商売自体をやめようかと考えていた。本の仕事はやりつくしたような気がしていたからである。それでも、「もう一度、古本屋やりましょうよ」と支えてくれたのは、親戚の同業者である三茶書房や阿佐ヶ谷の千章堂書店をはじめとして、かつて佐藤が世話をして独立していった三人の店主、浅川、三幸、安藤たちであった。自分の歩いてきた道のりは、優しさに満ちていたのだと知る。約一〇年の間、古本屋の世界を離れていた佐藤にとってこのころの相場はまったくわからなくなっていた。浦島太郎のような状態である。そんな佐藤に、初期在庫を皆が協力して集めてくれたのだ。こうして、再度古本屋としての物語が始まった。久しぶりに、「古本屋のオヤジ」になったのである。

平成一五（二〇〇三）年四月一六日、三年間のブランクを経て三楽書房のシャッターが開いた。店主は安藤書店・安藤彰彦《あきひこ》の次男、章浩《あきひろ》である。修行を終えて戻ってきた章浩を、安藤は自分の店ではなく、世話になった姉と義兄への感謝から三楽書房を継がせることにしたのである。安藤の感謝の気持ちが、再び三楽書房の店内に陽を導きいれたのだ（詳細は安藤書店の項を参照）。佐藤は、いくつかあった「店を貸さないか」の誘いを断ってきた甲斐があったと喜んだ。たくさんの転機があった。それでも、章浩が店を再開してくれたことが、一番の喜びだったという。毎日、佐藤は自宅から早稲田通りを見下ろしている。なにも知らずに母と早稲田に踏み入れた時の思いが甦る。病に変えられた道のりの末に、たどりついたこの街。初めて本を並べた小さな店舗の思い出は、いつまでも街に佇んでいる。

残影――二朗書房

昭和五八（一九八三）年、二朗書房店主である日野原二郎は、この世を去った。享年五七。葬儀は、グランド坂上から茶屋町通りに入ってすぐにある水稲荷神社参集室で行なわれた。日野原は戦前戦後と、古本屋になる前は特価本の卸問屋で働いていたこともあり、そのころから古本屋業界でも顔が広かった。また、地元商店街でも役員をしていたこともあり、通夜には五〇〇人を超える人が集まったという。当時、この参集室の横道は水稲荷参道へ抜けることができたのだが（ちょうど堀部安兵衛の碑のあたりに出た。現在は間に団地が建つ）、長い行列が参道の方まで延びていた。決して妥協をしなかった、命を削るような古本屋生活だった。

日野原二郎は大正一四（一九二五）年、山梨県にて生まれた。日野原家は八人兄弟。二郎は五人目の次男、後に古本屋をともに立ち上げることになる弟・一壽《かずとし》は末っ子の四男であった。学校を出た二郎は、昭和一五（一九四〇）年、東京へ働きに出ることになる。同郷の知り合いに誘われての上京だったという。新宿区四谷（当時は四谷区）の古明地書店という古本販売と特価本卸をする書店で働くことになった。

二郎は、都内の古本屋に特価本の販売に回っていた。そのころの様子を、当時は神保町で古書店員をしていた文英堂書店・吉原三郎が、東京組合新宿支部の機関誌である昭和五九（一九八四）年発行の「新宿支部報」三六号に寄せた追悼文で回想している。

私と二朗さんの出会いは昭和一六年の夏頃だったと思う。その年の春、私は小僧として住込み店員として神田の玉英堂書店に入店しました。お互いに年若く、お話しする機会を持たなかったが、彼は自転車にリヤカーを引っ張って神保町の古本屋街を週二、三回廻っていたように思われます。あの小さな身体で坂道の多い四谷の古明地書店から今でいう特価本（彼が扱っていたのは比較的に内容が硬い本が主で、重量も相当なもの）を卸して売り歩いていたのです。戦争が激しくなるにしたがってその回数も少なくなり、いつしか神保町に来なくなりました。

二郎は徴用にとられ、立川にいた。数々の戦闘機を送り出した中島飛行機で働いていたのである。このころのことはよくわからないのだが、かつて池袋で営業していた古本屋、正林堂書店の店主とはここで一緒だったそうだ。終戦を迎えた二郎は、故郷である山梨に戻った。四谷も空襲ではかなりの被害が出た土地であり、古明地書店も例外ではなかったのだ。山梨では農協（当時は農業会）に就職した。故郷に骨を埋めると思っただろうか。

昭和二二（一九四七）年、再び東京へ行くことになった。神保町の特価本卸問屋、芳明堂書店で働けることになったのだ。ここでの営業活動は、都内だけではなかったそうだ。当時の様子を、二郎の弟であり、現在は金峯堂書店店主である日野原一壽はこう聞いていた。

「当時は、全国を回ったと聞きました。特価本の見本を一冊ずつリュックに背負って、注文取りの旅をしたそうです。『行っていないところはほとんどないよ』なんて言っていました。この時の縁なのか地方の古本屋さんにも知り合いが多かったみたいです」

昭和二八（一九五三）年、二郎は古本屋になることを決意する。自分自身で商売をしたいと思ったこと、営業で回っており古本業界に馴染みがあったからである。二郎は当時同居していた一壽を誘い、ともに古本屋を始めることになった（このあたりのことは、金峯堂書店の項を参照）。自分が本を仕入れる側にまわることになったわけだ。こうして、弟と二人で「金峯堂書店」としてスタートした。この二年後、かつて神保町で顔をあわせていた文英堂書店の吉原三郎が独立する。

昭和三五（一九六〇）年、弟に金峯堂書店の看板を残して二郎は自分が「独立」する。自分の名を使った二朗書房として。そのころのことを弟・一壽はこう語る。

「やはり完全に独立してやりたかったんでしょう。だんだんキャリアもつんできて、お互いに好みのジャンルも変わってきたんです。僕は法律や経済。そういうのが好きな学生さんとウマがあったんです。最初は文学好きだったんだけどねぇ（笑）。兄は文学が好みでした。それから、店の場所も気に入っていなかったようでね。当時は今の渥美さんの横の茶屋町通り入口あたり。現在はあのガラス張りの建物がある場所だったの。不動産屋まかせで決まったところだったんです。兄は現在の二朗書房のある場所へ移りました。中華料理屋があったところでね。いくつか目をつけてた場所のひとつだったらしいです。文学部が今の場所に移転するころでしょう（昭和三五〔一九六〇〕年起工式、昭和三七〔一九六二〕年完成）。そんなことも頭にあったと思います。元の店の位置より近いですしね。当時は木造の二階建てでしたよ。そこを買ったんだね。そのころだよ、金峯堂が火事になっちゃってね。隣にあったマーケットから火が出て。水かぶっちゃって。本が全部ダメになっちゃったんだ。まぁ、兄貴と一緒に店の二階に住んでいたころはいろいろありましたよ。ちょっとしたことで喧嘩したりね。この金峯堂の上は鰻の寝床みたいなところでね。三畳ぐらいの横並びだった。南京虫がたくさんいてね（笑）。ひどい環境でしたよ、あのころは」

日野原二郎の「ろう」は「郎」であり、二朗書房の「ろう」は「朗」である。独立を決めたころから、名前を店名にすることは決めていたそうだ。「朗らか」でありたいという気持ちから、店名は「二郎」ではなく「二朗」にした。こうして兄弟二人、お互いの道を歩き始める。

このころの話を、平成二（一九九〇）年発行の「新宿支部報」四四号にて、二郎の妻である宮子（故人）が回想している。当時の店の風景もよく書かれているので、長くなってしまうが二ヶ所を引用をすることにする。

朝八時開店、同時にもうお客さんが入って来る。夜は近くに下宿している学生がお風呂帰りに一冊、二冊と買ってくれたり、安い本ですがそこそこ売れました。勉強家が多かったのでしょうね。今の学生と違い、あの頃の学生は苦学生も多く、「学生証」を置いて「一晩いくらかで貸してください」。「これはどうしても手放せない本ですが一週間ほどお金を貸してほしい」とか。本はほしいしお金がない、「三時間程店番をさせてください」と言って店番したのが縁で四年間もバイトした人（私共のバイト第一号）今は大学教授になっている。

お金に振り回されている最中の仕入れには、主人も大変苦労だった事と思います。神田・池袋・霞町・支部市にと毎日市場へ。時には夕食の後「セドリ」に出かけて、十一時頃馬場まで迎えに行くと、あの茶色の大風呂敷をホームも階段も引きずりながら改札を出てきた姿が今でも思い出されます。

昭和五一（一九七六）年には店を新築してビル化（工事中の仮店舗は以前、金峯堂として営業していた場所の横。後に渥美書房がここで開店することになる)。BIGBOXでの古本市も軌道にのってきた時期であり、店舗も早稲田古本屋街も、実に順調であった。

現在の店主である功《いさお》は、二郎の長男である。昭和三一(一九五六)年、兄弟で金峯堂書店を立ち上げた三年後に生まれた。少年であった功の目にも、父である二郎は仕事の虫に見えていた。

「いつも遅くまで、なにをやっていたかわからないけど仕事をしていたね。俺が小学生のころだよ、九時過ぎって小学生には遅い時間に『手伝え』なんて言われるのが嫌でねぇ(笑)。なんか本を運ばされた記憶がある。本当によく仕事してたよ。ライバルのほら、文英堂の吉原さん。親父に『店が閉まってるか見て来い』なんて言われたりね。吉原さんが店を閉めるまでは営業するっていうんだ(笑)。負けず嫌いだよねぇ。俺が後に修行に出ていたころでも、帰ってくるとまだ仕事していたからね」

功は、地元の公立中学校から早稲田実業へ進学。高校卒業までは自宅から走って通った。その後、國學院大學へ進学。三年になり、進路を考える時期になった。その時期、特にやりたいということもなく、やりたくもない何かをするために就職するのは嫌だった功は、父親に「店を継いでもいいいけど」と持ちかけた。「じゃあ、すぐに働いてみるか?」と、バイト扱いで神保町の東京古書会館の市場を手伝うことになる。卒業後、父親の意向で神保町の友愛書房で働くことになった。父の二郎と友愛書房・萱沼肇は、東京組合の理事を一緒にやっていたことがあり、そんな縁から引き受けてもらったのだ（ちなみに、功の前に働いていたのが、『ボン書店の幻』『石神井書林日録』などの著書を持つ石神井書林の内堀弘である）。こうして功も、古本屋として歩き始めた。

日野原二郎が病のために入院するのは昭和五八（一九八三）年の三月である。転移してしまってから判明したのだが、すい臓癌だった。功は休職扱いになり、当時はまだ参加していたBIGBOXの古本市や、東京古書会館での古本市の準備や店番を手伝った。働き者であった二郎には、つらい日々であっただろう。六月に、一時退院となった。二郎は市場にも通い、以前と同じように働いたそうだ。その月の父の日。二郎は娘から感謝状を渡されたそうだ。「いつもガンバルマンのお父さんに、家族一同から『ありがとう』を贈ります。『ありがとう』を百万回贈ります」と書いてあった。少し照れながら、目頭を熱くしていたという。

七月、再入院。約一ヶ月の闘病後、八月も終わりに近づくころ、日野原二郎はこの世を去った。早すぎる死であったがために、予定していた期間より短く古本修行を切りあげ、功は二朗書房の二代目店主となる。父の名を冠した看板を、継ぐことになった。

前に引用した、妻・宮子の文章には、こんな一節がある。

思い出といえば、主人は店が終わると店に向かって最敬礼をしていました。初めはびっくりしましたが、主人いわく、「今日一日家族が食べられました、ありがとうございました」とお礼を言っているとのことでした。

本と語り合い続けた男の、心の残影である。

第二章　開店まで

思い出の続き——西北書房

平成一五（二〇〇三）年一月九日、一人の古本屋がこの世を去った。西北《せいほく》書房店主、鈴木藤好《ふじよし》。東京古書組合の理事をはじめ、早稲田を含む東京古書組合新宿支部の支部長なども務めた早稲田の功労者である。数々の病気で入退院を繰り返した鈴木であったが、最期は大動脈瘤で倒れた。早稲田で古本屋を営んだ人間の、静かなる最期であった。

鈴木の死から二週間程がたった。皆がどうなるのか心配していた、西北書房のシャッターが開いた。店を開けたのは、夫人のたま子である。長年、店番をしていたものの、経営となると勝手が違う。仕入れなどに不安を残したままの、再開店であった。

「私はやめようと思ったんですよ。値段つけたりとか難しいからできないと思って。それを子供たちが『できる範囲で続けなよ』と言うんでね。主人の大事にしていた店でもあるし、じゃあ、やれるところまではやろうと思って」

古本屋とは、「経験」というものが顔を利かす商売である。まさか、いまさらに新人生活が訪れるとは。ひとり市場へ出かけて本を買ってみたり、悩んで値段をつけてみたりしながら、日々細い腕でシャッターを開け続ける毎日であった。

たま子は茨城県古河市のかんぴょう問屋の三女として生まれた。女学校を卒業後、花嫁修業のような感じで、洋裁学校に通った。卒業後も、家の仕事のかたわら、洋裁学校の手伝いなどをしながら暮らす毎日であった。気ままな生活だったという。ある年、東京に出ていた姉のところへ遊びに行くことになった。そこに運命の出会いがあるとも知らず。たま子、二三歳の時である。

鈴木藤好は昭和二（一九二七）年、山形県新庄市にて生まれた。兄、姉と続く三人兄弟の末っ子。鈴木は以前から、東京へ出て働きたかったのだという。しかし、兄が戦争で出征しており、男一人の状況だったからか、両親は強硬に反対したという。しかたなく国鉄へ就職した。その後、無事に兄が復員。両親の許しを得て、晴れて東京へ出ることになった。同郷の人であった、特価本卸しの魚住書店主人を通じて知り合った、月島の文雅堂（古本屋にして作家の出久根達郎が修行した店である）の紹介で古本屋に勤めることになる。店は、神保町の篠村書店である。昭和二四（一九四九）年、街には「青い山脈」や「銀座カンカン娘」が流れていた。

話は戻って、たま子の上京である。いつも東京へ来ると、姉のところへ数ヶ月滞在するのであった。そんな一人身の姿を見ていたせいか、ある日、姉が話を持ちかけてきた。「いい人がいるから会ってみないか」という。これは、姉の友人からの話だった。その友人とは、篠村書店の店舗の大家であり、そこで紹介された男性こそが、後に亭主となる鈴木なのであった。

「私もそんな大げさに考えていたのではないのでね。最初はお茶しただけで別れました。その後数回会いましたけど、特になにもなくて。簡単な文通は、していたのですけどね」

しかし、二人の仲は突然進展する。鈴木が、たま子の実家を突然訪れたのである。

「結婚を前提にお付き合いさせてください」

父が驚いたのも無理はない。東京で、そのようなことがあったことを知らなかったからだ。大反対してもおかしくはないが、父親は豪快な人物で、歓待して鈴木を泊めたという。できれば商人に嫁がせたい、という気持ちもあったのではないかと、たま子は言う。その後も文通する日々が少しの間続いた。

昭和三一（一九五六）年、鈴木が独立することになった。その報告のため、再びたま子の実家を訪れることに。そこで父親は、鈴木が思いもよらないことを告げたのである。

「私の経験からいっても商売を一人でやるのは大変だ。人手がいるものだ。すぐにたま子を連れて行きなさい。二人でやったほうが絶対にいい」

突然に、二人の生活が始まることになった。

店舗は早稲田に出すことを決めており、場所にも心あたりがあった。場所は現在の金峯堂書店のすぐそば、現在は廃業した萩原書店があった場所である。しかしながら、金銭的な理由で合意に到らず。そんな時に声をかけたのが、早稲田の古本屋、文英堂書店の吉原三郎であった。店舗を移転するので、後に入らないかという。棚もある理想の店舗である。こうして鈴木は、「早稲田ということで」と大学校歌にもある「西北」をいただき、西北書房として出発することになった。

開店したものの、ただでさえ古本の流通が少ない時代。また、資金も足りず棚はまったく埋まらない。そんな折、たま子の父親が店舗を見るために上京してきた。入ると商品の少ない店内。父親は無言で出て行き、他の古書店をひとまわりして帰ってくると「大丈夫なのか」と不満をもらしたという。そして、たま子は父に連れられ郷里に帰ることになった。鈴木にとって、自分の力のなさを実感した数日間だったろうか。どうなることかと思った数日後、たま子は父に呼ばれて部屋へ行くと、突然なにかが入った風呂敷包みを巻きつけられ、その上から着物を羽織らされて、再度東京へ出ることになった。不安のまま、鈴木のもとへたどりつく。すぐに風呂敷の中身を開けてみると、それは現金なのであった。

「主人はその後もずっと『古河に足を向けて寝られないな』と言っておりました。嬉しかったんでしょうね。父は、最初に一人で挨拶に来た主人を気に入っていたようですね」

この資金で、鈴木は本を仕入れた。本がぎっしり詰まった本棚で、西北書房は再スタートをきることができたのである。

鈴木は、早稲田を含む東京都古書組合新宿支部の機関誌『新宿支部報』四三号（平成四〈一九九二〉年）に、こう記している。お金で苦労したエピソードの後にである。

「そんな中でも私が心に決めたモットーがありました。それは常に家庭の中に『笑い声』が絶えない家庭を作って行こうという事でありました」

西北書房にはいまだ鈴木が手を入れ、値段を付けた本が残っている。それらの本に見守られて、たま子は毎日店番をしている。その本が売れていく時、楽しく笑い声で接客することがあるのかもしれない。「家庭」ではないが、鈴木の望んだ「笑い声」の絶えない生活を、本が運んでくる気がするのだ。本というものは触れた人の思いを身に刻むからである。

山、継ぎて——金峯堂書店

東京の西端、雲取山から連なる山脈奥秩父。その中で最も高いのが、山梨県と長野県の県境にそびえる金峰山である。この金峰山を望む地、山梨から東京へ出てきた二人の兄弟。互いに、違う本の世界を歩みながらも最終的には早稲田にて古本屋を営むことになる二人。兄、日野原二郎、二朗書房店主。早稲田初の即売展設立をはじめ、早稲田古本屋街を引っ張ってきた早稲田古本屋街三羽烏の一人であることは先に書いた。そして弟、日野原一壽《かずとし》。金峯堂《きんぽうどう》書店店主。今回の主役は、弟である。

小学生のころから、本読みだったという。代々、日野原家は本読みの多い家系だそうで、家には本がぎっしり詰まった蔵があり、自分の家こそが最良の図書館だった。また、特価本の卸問屋に勤めていた兄は、よくダンボールいっぱいの本を送ってくれた。日野原少年は毎日のように、時間を忘れて本を読んでいたのだという。

「そうそう、『冒険ダン吉』みたいな漫画からはじまってね。一番熱心に読んでいたのは中学生のころ。立川文庫なんか随分読んだなぁ。で、毎日どんどん読むもんだから、だんだん中学生が読むようなものなくなっちゃってね。しまいには『婦人倶楽部』とかさ、リカードの経済書まで読んでたの。わかるわけないのにさ。なんだったんだろう、あの情熱は」

昭和二七（一九五二）年、高校を卒業することになった日野原は、就職するために上京することになった。その後も、本への情熱は続いていた。もちろん、本に関連する職業を希望した。顔が広い書店業界人である兄の二郎に相談してみると、一軒の新刊書店を紹介された。店名を江藤書店という。現在も営業している中野の書店である。家族だけで営業していた江藤書店であったが、そのころ、一人だけ店員を雇うことになった。その第一号が、日野原なのであった。

「住み込みで入ったんだ。あのころの本はね、今みたいにものすごい数はないから。とにかく蔵の中で本ばっかり読んでいたからね、著者名なんかも、かなりわかったの。書名や著者名の暗記というね、みんながする苦労はなかったんだよね。今までの生活が役にたったって。だけど、取次さんの検品作業は大変だった。あのころはね、大きい取次も小さい取次も、みんな直接に人が持ってくるんだよ。全部相手して、受け取りの手続きするとドッと疲れてね。で、すぐ近所に本の配達行ってて。町の本屋には大切だからね、配達が。そのころ売れた本？　角川の『昭和文学全集』が印象強いかな。店でも配達でもよく売れた。いやぁ、時代を感じるよねぇ。文学全集なんて、今は見向きもされないものねぇ」

三ヶ月を過ぎたころ、兄から提案があった。ある書店の持ち家の一角を借りることになった、一緒に住まないか、という話である。場所は中野区の新井薬師。仕事と普段の区別ができるようになる。日野原は喜んで、住み込みから通いへと変えることにした。

一緒に住むようになって半年。ある日突然に兄が、これからについての話を真剣に日野原に語った。すぐに、場の雰囲気が変わった。すべてが変わるような、話だとわかった。

「どうせなら自分でなにかやりたくないか。一緒に独立して古本屋をやろう」

特価本卸の仕事をしていた兄の二郎にとって、古本業界はとても近い業界であった。顔も広い。お互いにいつかは一国一城の主に、とは思っていたので、話はすんなりと決まった。江藤書店の社長に思いを話すと、快く送り出してくれることになった。たった一年の経験ではあったが、本を売る現場の実感をつかめた。得るものが多い日々だったという。こうして日野原の古本屋生活の幕は開いたのであった。昭和二八（一九五三）年のことである。

店名は、わりとすんなり決まった。兄と二人でなにか故郷に関するものを、と考えて出てきたのが、文頭の金峰山だった。故郷の山から名前をもらい、金峯堂書店が誕生した。

「あのころの早稲田はさ、都会の中の田舎という感じで、いい街並みだったね。開店前の時間にはシジミ売りとか、金魚売りとかもいたんだ。都電も早稲田通り走ってたしね、駅のほうね。本も良く売れてた。当時は歌舞伎町に古本市場があってね、よく兄が買った本を取りに行った。兄と二人、苦労もあったし喧嘩もしたけど、いい思い出の時代だね」

昭和三五（一九六〇）年、二〇代半ばを過ぎた日野原は、兄からの独立を考えていた。ある程度のキャリアもつんだ。今度は自分の力でやってみたいと思ったのだ。まずは場所だと、自分で店舗を目星をつけた。しかし、そこに待ったがかかった。意外なことに止めたのは兄、二郎である。

「その時にね、兄が目をつけていた店舗に空きが出たの。今の二朗書房の場所ね。だからね、社長である兄の方が独立したいってことになって。決意も固かったし、自分が独立することに変わりはないから従ったよ。で、兄はね『金峯堂』というのはこの店でスタートしたから名前は置いていくと言ってね。僕が二代目の社長になって独立することになったんだね」

兄は少しずつ本を持ち出して、新店舗の準備を始めていた。それと同時に、弟がすぐに軌道に乗れるよう、本も用意していた。日野原はなにごともなく、順調に店をスタートできるはずだったのだが……。

ある日、まだ薄闇残る未明。その時間にはおかしい街の喧騒に、日野原は目を覚ました。かけつけてみると、なんと金峯堂の隣の建物、マーケットから火が出ているではないか。あわてて店舗から本を運び出す。いつのまにか駆けつけてきた、近所の古本屋が手伝ってくれた。しかし時間に限界があった。ついに放水がはじまった。水しぶきで見えなくなった店舗の前にただ立ち尽くす。つい昨日まで描いていた、自分の店の、開店後の風景が消えていく。

「火じゃなくて、水で全滅だったんだ。水を吸って本が膨張してね、棚を壊さないと抜けない場所もあった。すべてが消えて、ゼロからのスタートに変わったんだ」

これから苦難の道を歩くかと思った日野原であったが、そうはならなかった。たくさんの、付き合いのあった特価本卸し業者や、同業者が手をさしのべてくれた。「使ってくれ」と、たくさんの本が集まった。「売れたら金をくれればいいから」と、本を置いていってくれた人もいた。こうして無事、人の情を感じつつ、たくさんの本に囲まれて金峯堂書店は再スタートをきることができたのである。

日野原は九〇年代に入ったころ、店舗を売り、古本屋生活を終えようとしたことがあるという。かなりの金額で契約寸前だったのだが、あることが原因で立ち消えになった。しようがなく続けることになったある時、継ぐことはないと思っていた長男が、自分から店をやりたいと言ってきた。思いがけない変化ばかりの古本屋生活であったが、自分も兄と同様、子供に看板を渡すことができた。故郷の名山の名を、早稲田に残すことができたのだ。

記憶のふるさと——浅川書店

谷沢永一著『読書人の観潮』（潮出版社）の巻末月報には、栗坪良樹が寄稿した「谷沢永一再入門——『評言と構想』の頃」が収録されている。少し引用する。

大学院の仲間や学部の仲間と勉強会をしているうちに小さくてもいいから雑誌を出そうということになり一九六九年の暮れから『評言と構想パンフレット』と称する、表紙なしのガリ版刷り雑誌を出し始めた。私はもっぱら大江健三郎と横光利一のことを書いていた。山崎一穎は森鷗外一辺倒であった。この小冊子を八冊出した後、しばらくなりをひそめていたが、一九七五年四月に今度は活版の雑誌『評言と構想』を創刊することになった。

後に、この同人誌に谷沢が寄稿することになったがための収録である。この雑誌の奥付には、発行元として古書店主の名前がある。浅川書店の浅川勉《つとむ》だ。

「今でこそ同人の皆さんは偉くなっちゃったけど、当時は若い研究者だから。本なんかも買ってもらっていたし、『協力してください』と言われたら、やらなきゃってね。この雑誌の同人とは今でも交流あるんだよ。みんな白髪増えたけどなぁ（笑）。今思えば、いい思い出だよね」

話を聞いていると、面倒見の良い早稲田古本屋街名物でもある奥さんが、「透史君、飲みな」とコーヒーを出してくれた。開店以来、何人のお客さんが、このコーヒーを飲んだのだろうか。

浅川勉は昭和一四（一九三九）年、横浜市鶴見区で生まれた。海が近い、潮の香りがする街だった。やんちゃな少年時代だったという。庭先での火遊びから、自宅の縁の下に火が入り、あわや、なんてこともあったとか。

記憶が鮮明に残るような年齢になろうかというころ、戦争は悪化の一途をたどっていた。横浜から、疎開する人々が増えていく。浅川家も、疎開することになった。行き先は父の兄が住む、山梨県の北巨摩郡（現在の北杜市）である。電気メーカーにつとめていた父は、仕事を外れることができず、横浜に残ることに。残りの家族で、山梨へと向かった。中央本線へ乗っての長旅である。最寄りの長坂駅に到着すると、親戚がリヤカーを引いて迎えに来てくれていた。悪い道を、揺られながら進んでいく。今までとはまるで違う景色に感情を動かされながら、揺れていく。

約一年後に終戦。戦後も、浅川は山梨にて過ごすことになった。小、中、高校と地元の学校に通った。いよいよ高校の卒業も近づき、進路を決める時期になる。浅川は、東京行きを希望していた。特に、理由があったわけではない。憧れなどが、あったわけではないのだという。なんとなく、ここにいてもなにもはじまらないような気がしていた。それに、近くの横浜には疎開以来、別れたままの父がいる。困った時には、相談もできそうだ。しかし、つてがあるわけではなかった浅川は、就職先も見つからないまま、時だけが過ぎていくのであった。

東京への切符は、ある日突然現れた。担任の教師が、仕事を勧めてくれたのだ。店員募集の案内が、学校に来たらしい。担任の握った紙には、「早稲田・佐藤書店」とあった。新刊、古本の違いもわからない。「本を売るんだな」というぐらいの認識で、就職を決めたのであった。

東京へは、学校の先生が同行してくれることになった。偶然、東京出張があった先生が、「一緒に行こう」と誘ってくれたのだ。ところが、である。

「当日ね、遅刻しちゃったんだ、これが。先生も用事があるから、待ってるわけにもいかずに先に行っちゃってね。結局、ひとりでボストンバッグ引きずって電車に乗ったんだ」

数時間かけて乗り継いで、高田馬場駅に降り立つ。当時はまだ、駅前にバラックが立ち並ぶ街並みであった。それでも、風景を楽しむ余裕はない。とにかく、たどりつかなくてはならない。浅川は、早稲田大学の正門へ向かうバスに乗りこんだ。目的地である佐藤書店は、高田馬場駅と、早稲田大学の中ほどに位置するのであるが、わからずに、そのまま終点の大学まで来てしまった。結局、歩いて引き返し、ようやく佐藤書店へたどりついたのであった。緊張感から解放されて、古本屋としての出発点に踏み入れた。昭和三四（一九五九）年のことである。

住居は、豊島区目白のほうにある「佐藤書店」であった。勤める佐藤書店の店主、佐藤茂の父が営業していた古書店である。そこから、自転車で通った。自転車は東京に来た次の日、高田馬場で買ってもらったものだ。これから通勤に、本を運ぶのに必要なパートナーである。当時、佐藤書店の開店は八時。開店後は、店主が市場で買った荷物を取りに行ったり、店番をしたり。午後一〇時ごろ閉店。目白に戻り、今度は、こちらの佐藤書店の閉店を手伝い一日が終わるという毎日が続いた。

浅川には、忘れられないできごとがあるという。ある日、店主の佐藤と二人で電車に乗り、埼玉県松戸あたりまで本の買い取りに行った（場所の記憶は「松戸付近」以外、不確かだという）。数百冊の本である。しかし、まだ車のない時代である。持ち帰る術がない。これを、浅川が自転車で運ぶことになったのだ。自転車の荷台にベニヤ板を取り付けて、多めに本が載せられるようにして、朝の六時ころに出発。まだ道路の舗装がされていないころであり、運の悪いことに前日は雨だった。三時間ほどで到着。半分の本を載せて戻る。往復で七時間。残りは翌日でいいと言われたのだが、「二日続けてこんな思いはしたくない」と再度出発。夜、八時すぎに帰ってきた。自転車が、戦友のように思えたという。

東京オリンピック（昭和三九〔一九六四〕年）までには独立をと思っていた浅川であったが、昭和三六（一九六一）年に、自分の店を持つことになった。このころに、自分ですべてをやってみたいと思うようになったからである。「自立したい」という気持ちを尊重した店主の佐藤も、店舗探しを協力してくれた。当時、早稲田大学正門からグランド坂下へ抜ける大隈通りにあった日東堂書店の店主、長田初太郎の紹介で、同じ大隈通りにて店舗を確保。こつこつとセドリで集めた本と、特価本を並べて開店した。その後、いこい書房が初めに開店することになる場所へ移転。さらに再移転して現在に至る。

「とにかく、最初のころは厳しい状況だったんだ。現金がないわけだ。それでね、忙しいわけじゃないのに休んだこともあったの。開けていると、本を売りにくるでしょう。そのお金が払えないと思って。それでも、いろんなお客さんと出会えて、それが励みになってね。『評言と構想』のメンバーだって、そうですよ。ずっと付き合えるなんて、うれしいじゃない」

映画『泥の河』の監督である小栗康平も、浅川書店に出入りしていた人物である。奥さんに食事を作ってもらうこともあって、店番もしたことがあるという。もちろん現在も、交流がある。本を売るだけではなく、「いつか帰れる場所」を提供してきた。「人の心が変わった」といわれている現在も、本に囲まれた「ふるさと」が、人の記憶に生きている。

三畳間の青春——三幸書房

早稲田古本屋街のちょうど中ほど。ビルの一階に、三軒の古本屋の入口が並んでいる。早稲田側より、いこい書房、寅書房、そして三幸書房である。三軒とも、以前は、もう少し早稲田側の建物に入っていた。その建物の建て替えにより三軒ともまとめて移転したのが平成七（一九九五）年。まだ新しい建物のせいか、どの店も、とても明るい。白い光が、本の背を包み込む。

「今でこそ明るい店が多いけどね、早稲田だと、うちが最初だと思うよ。独立した昭和四〇（一九六五）年に、電気看板を早稲田で最初につけたのがうちなの。蛍光灯も二本ずつ並べて付けて。当時はほら、一般の人にとってはイメージの暗い店が多かったからね。魔窟みたいな感じのね。看板の光が強くて、早稲田通りでも目立ってたんだ。ちょっと得意げになったりしてさ（笑）」

語り手は三幸書房店主、飯島治昭《はるあき》。「三幸」が読めず、「サンコーさんはどこですか」などと聞かれることも多い。「三幸」と書いて「みゆき」と読むのだが。

昭和一三（一九三八）年、山梨県の生まれである。農家の八人兄弟、七人目の四男である。家は、稲作と蚕糸業を営む、地域では比較的大きな家だった。実家の仕事を手伝うのは当たり前。飯島も蚕の世話を手伝った。桑の葉を与えたり、繭を作り始める蚕を違う器に移したりと、小学生のころから働いた。給料がわりの小遣いがとても嬉しかったという。家業を手伝いながらも中学を卒業した飯島は、商業学校へと進んだ。ここへ一年間通って卒業。そして、東京へ出ることにした。

「兄弟多いしね。長男が家を継いで、後はみんな東京に出て働いていたからさ。東京へ出るってのは小さい時から当たり前にしか思ってなかったから。自分も兄弟同様に東京で働くって思ってた。何年も前から、そういうつもりだったんだ」

東京での勤め先には、つてがあった。父の兄弟が、渋谷区内で和菓子屋を営んでいたのである。ここに住み込んで働くことになった。飯島の東京生活が、幕を開けた。

朝五時に、一日が始まる。昨夜のうちに研いでおいた米を炊き、せいろで蒸したりして、社長が下りてきてすぐに、団子や大福を作れるようにしておかなければならなかった。仕事を始めてみると、飯島にはつらい日々が続いた。肌が弱かった飯島は、日に日に増えていくあかぎれに悩まされたのである。痛くて、手を動かせない。毎日、ごまかしながらの水仕事。とにかく手当てが追いつかない。自分には合わない仕事だ、とは思いつつ、三年目を迎えようとしていた。

きっかけは、正月の里帰りだった。こたつにあたり、向かいあって酒を飲んでいる人物が、飯島に話を聞かせている。

「おい、お前、古本屋やらねぇか。いいぞぉ古本屋は。売れて売れてしようがないんだからなぁ。転職するならいつでも来いよ」

酒のせいか、次から次へと出てくる儲け話に、飯島は必死で耳をかたむけた。この男性は、飯島の母の兄にあたる佐藤利秋《としあき》という人物である。早稲田の古本屋「佐藤書店」を営んでいる、早稲田の三羽烏・佐藤茂の父親である。利秋は豊島区目白にて古本屋を営んでいた。今の仕事に嫌気がさしていた飯島にとって、それは夢のある話に聞こえた。

東京に戻ったある日。飯島は利秋の子息である佐藤茂が営む早稲田の佐藤書店を訪ねた。すでに答えは決まっていた。

「働かせてください。古本屋をやらせてください」

佐藤は、「そうか」と迎えてくれた。こうして、飯島の古本屋生活が始まった。

佐藤書店奥の三畳間。ここが新しい住居になった。現在、新井書店のある場所である。そこで先輩店員と二人で暮らすことになった。その先輩とは、現在同じ早稲田で古本屋を営む、浅川書店店主の浅川勉である。

「最初はね、やっぱりみんなと一緒。落丁調べたり、市場に店主が買った荷物を取りに行ったりね。大変ではあったけど、以前の和菓子屋の仕事に比べれば、集中できたんだね。その時にね、調べてたら落丁を見つけたことがあったの、文庫に。それで奥付見たら『落丁本・乱丁本はお取替いたします』とあったから出版社に直接行ったことがあったの。なんにも知らないから。それが戦前の本でね。出版社の人、変な顔してね。『これ、戦前のだしねぇ』って。そうしたら知り合いの取次の人が偶然に会社に来ていて。『書いてあるんだから取り替えなよ』なんて言ったりなんかして。結局新しい文庫、新版のをね、もらったことがあったよ。悪いことしちゃったよね。でも、そんな失敗なんかからもね、いろいろ古本業界や、出版業界の知識を学んだの。いろんな方面に迷惑かけたかもな」

店員仲間にして、同居人の浅川ともよく遊んだ。飯島にとって、歌ではないが、この時こそが青春時代の真ん中だったのかもしれない。

「よく一緒に映画見に行ったりね。そう、新宿に。第三日曜日が定休でね。よく佐藤書店横の道でキャッチボールもしたね。一度さ、ボールとり損なって早稲田通り越えちゃってさ。通り向かいの喫茶店のガラス割ったこともあったよ。弁償させられてね。今となってはいい思い出だけどさぁ。それから、俺を古本屋に導いてくれた利秋さんね。目白の店に浅川さんとよく会いに行ってね。小遣いもらうの。そこでもね、佐藤さんおいしそうに酒飲んでてね。よし、俺たちも飲んでみようということになって。まぁ、ちょっと背伸びしてさ。早稲田の屋台で焼酎飲んだこともあった。横丁に出てたんだよ、屋台がさ。それがなんだか、えらくまずかったんだ。なにを飲まされてるんだって（笑）」

その後、浅川が独立のために店を出た。新しく入ってきた人物と店番の日々。数年後、後に安藤書店店主となる安藤が入ってきた。変わっていく三畳間の同居人との楽しい日々を、過ごしていく。古本屋の仕事も、「日常」として迎え入れられるようになっていた。

店員になって七年。いよいよ独立する時がきた。社長である佐藤のバックアップにより、店舗も紹介してもらえた。文頭の電気看板も佐藤からの贈呈である。以前、三楽書房の佐藤は、親戚の古本屋・三茶書房を手伝っていたことがあった。自分も三楽で「三」がついているのだから飯島にも「三」をということになった。縁起よく「幸せ」という文字をつけて「三幸」。なんとなく「サンコー」ではなく「みゆき」と読ませるように決めてもらい「三幸書房」の名ができた。

この時期の開店組の人間と同じく、目線三段分の少ない本でのスタート。

「明るいのに、スカスカの本棚が照らし出されてたんだ」

早稲田から歩いていくと、左側に三幸書房が見えてくる。少し目線を上げれば数軒先に浅川書店が見え、右に目をやれば安藤書店が見える。目線だけで追える一人一人の自分の城。彼らが過ごした三畳間の青春を、道行く人は誰も知らない。

森の出口に――五十嵐書店

平成一四（二〇〇二）年、ある古書店がリニューアルした。早稲田というイメージ、たとえば名曲『神田川』のような、そんな世界からは程遠いギャラリーのような古書店が生まれた。店名を五十嵐書店という。以前は、国文学書を中心とした昔ながらの構えをした店舗であった。店を継ぐ次男が作った新たな空間に身を置きながら、店主の五十嵐智《さとし》は今日も旧知の客と話し込んでいる。その風景だけは、今も昔も変わらない。

昭和九（一九三四）年、山形県生まれ。地元の小中学校を卒業し、五十嵐が通った高校は進学校であった。在学生の八割が、受験をしたという。もちろん五十嵐も、ある大学を受験した。しかしながら、桜は咲かなかったのである。景気も悪く、一〇人兄弟の五番目三男であった五十嵐に浪人という選択があるはずもなかった。しかも、父親は会社員なので継ぐ職はなく、探してはみたものの、県内に就職口は見当たらない。結局、東京へ出なくてはならないようだった。幸いにも、東京には親戚がいた。とにかく行ってみよう、と思ったのだという。行けばなんとかなるのではないかと。こうして、就職の当てもないまま東京へと向かった。

「北区の王子にいた伯母さんの家にしばらく居候することになったの。存在を知らなかった伯母さんの家だから緊張してね。とりあえず一週間。その間に就職を決めろと言われて。布団ひとつで上京したんだけど、後がないような気がして不安な毎日だったね」

就職活動は、順調にはいかなかった。なにせ「自宅からの通い」という選択肢がない。生きるための「衣食住」というが、とにかく「食住」がなければならないのだ。新聞配達の募集に行くと、二人の募集に五十人もの人間が集まっていたり、日暮里《にっぽり》の会社へ行くのに「ひぐれさと」と人に尋ねて、笑われたりするのも五十嵐青年を不安にさせた。自宅を出るという約束の日時も近づき、生活費として持たされたお金もなくなろうとしている。とりあえず、の希望がほしくて実家へ再度の生活費を無心した。しかし、それは退路を断つ行為でもあった。次はないんだ、と思いさらに暗い気持ちになったりもした。

ある日、いつものように飯田橋にある職業安定所へ。あいかわらず就職口はなかった。しかし、この日は外で声をかけられた。直接に人材を探しに来ている人間である。条件を話すと「それなら問題ない」と言われた。とりあえず近くの仕事場へ。正確には憶えていないそうだが、なにか紙を裁断する工場のような場所であった。明日返事をくれればいいと言うので、とりあえず家に帰ることにした。嬉しさで高揚していたからか、駅に向かったつもりが道に迷ってしまう。いつまでたっても駅につかないのだ。森の中をさまようように歩き続けると、突然に広い通りに出た。そこには思いもよらない光景が広がっていた。道に並ぶ本屋、本屋、本屋。神保町の古書店街である。生まれ育った山形では、本屋は、ほんの一軒ある程度。同じ場所に本屋がたくさんある意味さえわからない。五十嵐は、不思議な光景に吸い寄せられるように古書店街へと歩みを進めた。

「ある書店の前に立つと『住み込み店員募集』の張り紙があったんだよ。それが南海堂書店だったの。興奮したねぇ。中に入って話をしたら、社長はいなくてね。即答できないから明日おいで、と言われてさ。一応、職安の登録書類持ってこいと言われたから、その足で戻って作って。ホント不思議な偶然だよねぇ。あの時迷っていなかったら、どうなっていたんだろうな」

次の日、五十嵐の前に立った社長はこう言った。

「一〇年だ。一〇年勤めたら独立の手伝いをしてやろう」

ようやく自分の手で、住む場所を手に入れた。最初の工場に断りをいれて、五十嵐は神保町へと居を移し、古本屋生活をスタートさせた。

店に出始めた五十嵐に、思いもよらない訪問者。東京に進学した山形時代の同級生が、次々と本を求めて来店したのだ。皆、五十嵐が進学したと思っていたせいか、とても驚いていたという。しばしば故郷の話に花が咲き、店のものに怒られることもあった。少しずつ、五十嵐の心境に変化がおきていた。

「大学生活を送っている彼らを見ていたら、自分でも行きたくなったんだね。で、勉強して夜学を受験しようと思ったの。番頭さんと、社長夫人がバックアップしてくれてね。社長には内緒だったの。次の年、無事合格してね。店番が終わってから学校へ通うという生活になったんだ」

この生活は、長く続かなかった。社長に、事実が発覚したのである。偶然にも、同じ学校に社長の親戚筋にあたる書店の店員が通っていたのである。社長は五十嵐に、こう告げた。

「この業界は二足のわらじでやっていけるほど甘くない。どちらか一つにしなさい」

数日後、五十嵐は退学届を提出した。

その後、五十嵐は仕入れを任せられるようになる。現在、神保町で古書店を営む店主の父親たちの時代だ。つわものに混じり、必死に声を出して本を買った。かなり鍛えられ勉強にもなったし度胸もついたという。古本業界の、最前線での修行の日々だった。

昭和三八（一九六三）年暮れ、いよいよ独立への一歩を踏みだすことになる。当時、現在の豊田書房がある店舗は、南海堂書店で修行を終えたものが、完全独立をはたす為の資金をたくわえるために貸し出される店舗だった。ここで三年間、経営の修行をするのだ。翌年の一月三日に開店。当時はまだ、雑本なども扱っていた神保町の古書店が、ちょうど専門化していく時期で、雑本はよく集まったのだという。病気で一年つぶしたので、計四年、地道に資金をため、いよいよ完全独立の日がやってくる。

独立する五十嵐は、国文学の専門店をやろうと決めていた。それには、ある人物の影響があった。角川書店の編集者、貴志《きし》正造である。角川書店の国文学書の編集を一手に引き受けていた、名編集者である。南海堂時代に、あることから親しくなった。

「当時、貴志さんは『国歌大観』を復刻しようとしていたんだ。で、大正何年かの版が必要だったらしいの。これが、どこにもなかった。そうしたら偶然に知人のいる高校の図書館にあったんだ。それを交渉して提供してもらって。それから信用していただいたらしくて。独立をしてからもたくさんの先生を紹介してくださってね。国文学書の体系を教えてもらって、復刻出版もしたんだからね。筑波書林に藝林舎という名で。こうして僕は国文学書に熱中したの。人との出会いの重要さね。僕の人生を決めた人ですよ」

即商売になりそうな早稲田を選び、店舗探し。ある店舗を見に行くとボロボロのバラックだった。中に雪が積もっていた。それでも、どうせ改装するんだし、と思ってここに決めた。こうして昭和四三（一九六八）年、早稲田の五十嵐書店が誕生した。

五十嵐は最近になって、また新たな楽しみを得たという。自分が独立したころ、学生として五十嵐書店に通い、教授となり、定年を迎えた人物が本の整理を五十嵐に頼んでくるのだという。約四〇年の時を超え、自分が売った本が手元に戻ってくる。長い時を超え、変わらないのは人との縁。再会した本たちは、自分の歩いてきた道である。

けむりの先——いこい書房

人もまばらな喫茶店。いこい書房店主の会田《あいだ》久《ひさし》は、熱すぎるコーヒーに何度も口をつけながら眉間にしわを寄せている。カップを置いたのを確認してから、以前より気になっていた店名の由来を聞いてみた。

「いやぁ、会田書房みたいに名前を使うのはやめようと決めたんだけど、全然思いつかなくてさ。それでね、当時さ……」

タバコに火をつけると、会田は勢いよく紫煙を吹き上げた。空調の風に流されると、隣の男性がこちらを睨んだ。

会田久は昭和一六（一九四一）年、新潟県の柏崎で生まれた。平凡な少年であった会田が一二歳になった時、父親がこの世を去った。多くを語らないものの、母親とあまりうまくいっていなかったという会田少年には、家庭が居心地のいい場所には思えない、その思いがより強くなっただけであったという。

中学生活が終わりを迎えるころ、兄が東京から休みを利用して帰郷してきた。兄の章《あきら》は、神田の古書店、山本書店の店員をしていた。この時、兄に思いを告げるチャンスが訪れたと思ったのだという。東京に出て一人で暮らしていく、そこにしか自分の居場所がないような気がしていた。久は兄に、「東京で働きたい。なんでもいいんだ。就職できるところはないだろうか」と聞いた。兄は「まぁ探してみるよ」と答え、東京に戻っていった。気持ちだけをこの土地から逃走させてみる、そんな日々が続くことになる。

しばらくして、東京の兄から連絡があった。仕事を紹介してやるから東京へ来い、面接を受けてみろ、とのことであった。迷わず会田は東京へ。夜中一二時の夜行に乗って上京。朝、上野へ到着すると兄が迎えに来てくれていた。向かった先は神保町。到着すると、そこには荘厳な建物があった。老舗の古書店、一誠堂書店である。自他ともに認める一流の古書店であり、弘文荘の反町茂雄をはじめとして、一流の人物を輩出してきた。もちろん、その時の会田が、そのようなことを知る由もない。

一誠堂書店に入ってすぐのころ、印象に残っているのは朝の掃除だという。

「新人はね、社長の部屋の階の掃除なの。丁寧にやらないと駄目でしょう(笑)。当時の社長のさらに先代の奥さんがね、一から、それこそ雑巾絞りから教えてくれてね。厳しかったなぁ。窓なんか軽く拭いてるとね、すぐ『ほら、埃が残ってるよ!』なんて怒られて。でも、こんなことだって本についての姿勢にもつながっているということなんだろうね。今思うとホントかわいがってもらったんだと思うよ」

最初に与えられたのは、古書目録などの注文品の発送係だった。本はよく売れており、一日中梱包作業である。知識のなかった会田にとって古本は、ただ自分の前を通り過ぎていくものにすぎなかった。三年ほどすると、仕事が変わった。

「今度はね、学校や図書館に納本に行く係になったの。自転車で行ったり、都電で行ったりで。田舎の図書館しか見たことないまま上京したからさ、立派な本に囲まれてるのが苦手でね。だからこの役は適役だったよ。都内の大学なんか、ほとんど全部行ったよねぇ。まぁ呑気なもんでさ、暑い日なんて納本終えて多摩川で水浴びして帰ってきたこともあったよ。あと青山墓地で昼寝したりね。もう時効だよなぁ（笑）」

八年ほど経つと、ついに店番をすることになった。さすがに本を覚えないとまずい、と思った会田はメモ帳に書名、値段などを書き込みながら、夜中にノートへ、あいうえお順に写し変えたりもした。大変身である。「身につきましたか」と聞いた答えは、「いやぁ、すぐにやめちゃったんだよ（笑）。やっぱり、むいてないんだなぁ」。

転機、というものは思わぬところから訪れる。ある年、会田は古本屋の組合主催の家族レクリエーションに参加した。スキー旅行である。その時、滑降中に転倒した会田は、足を骨折してしまう。一誠堂に戻ったものの、約一ヶ月もの間、社長や他の店員に迷惑をかけることはできないと思った会田は療養中、兄のところへ転がりこむことを決めた。東京へと導いてくれた兄は、独立して早稲田で古本屋、喜楽《きらく》書房を開いていた。座っていることはできたので、店番を手伝うことにした。いざ店番をしてみると、ちょっとしたカルチャーショックだった。店内に並ぶのは、普通の読み物的な一般書。それを学生が次々と買っていく。それは、当時の古本屋の普通のあり方だったのだが、一誠堂という、ある種特別な書店にてキャリアをスタートさせた会田には、思いもよらない世界であった。ここで初めて会田は、自分で古本を売ることを意識したという。難しい学術書ではない、自分にも読める本が売れるのだと。

その後、一誠堂に戻ったものの、頭の中は独立でいっぱい。数年後、なんの用意もないのに、一誠堂をやめてしまう。常に自分の気持ちに正直に、環境のほうを自分に合わせていく会田にとっては、「一流」という看板に執着はなかったようだ。

「ホント何も決まってないのにやめちゃってねぇ。しようがないから兄の世話になりながら読み物中心に売る郊外型の古本屋の修行することにしてね。早稲田で開くつもりなかったんだよ、最初は」

会田の、古本屋をまわる日々が始まった。今日は西武新宿線、明日は西武池袋線、東横線と路線を決めて、いろいろな古本屋を見て回った。安いと思う本があれば、セドリもした。少しずつ、本が身近になっていく感覚がわかったという。

　昭和四三（一九六八）年、空き店舗が早稲田に出た。浅川書店が移転するために、物件が空くのだという。内装はそのままなので、本棚がついているという理想の物件である。同時期に、東小金井の物件も検討していたのだが「安定した客数がある早稲田なら明日から食える」という兄の言葉で早稲田を選んだ。兄に借金をして、本を揃えた。揃えたとはいえ、七段ある棚のうち、本は目線の棚三段分のみというスタートであった。

「なんか楽しようと逃げ続けてきたらここにたどりついたような感じなんだなぁ。良かったか悪かったか知らないけどさ。あと何年続けられるかなぁ。お店売れなくなっちゃったけどさぁ、なんとか最後まで逃げ切れないものかねぇ」

　店名の由来の続きはこうである。

「当時吸ってたタバコがね〈いこい〉だったの。ただそれだけ（笑）。とにかく面倒なことが嫌いなんだぁ、昔から」

　再び紫煙が吹き上げられると、右へ左へ形を変え、ふらふらと漂って消えていった。

記憶と絆――さとし書房

早稲田大学から高田馬場方面へ歩いて行き、文英堂書店の前あたりから通り向かいに目を移すと、建物の二階に阪神タイガースの旗が窓からこちらを覗いているのが見える。一階では古本屋が営業している建物である。二階は、店主の住居だ。白いものが目立つ、短髪の人物が店番をしている。人なつっこい、やさしい笑顔だ。

「小学生のころからだからさぁ。親父が大好きで影響受けてね。ほんと一筋。息子もファンでさ、よく球場まで応援しにいってる。親子三代で好きなの。あっ、孫も『六甲おろし』歌ったりするの（笑）。四代になるのかなぁ」

さとし書房・佐藤敏《さとし》。早稲田古本屋街で誰もが認める、筋金入りの阪神ファンなのである。

佐藤は昭和一八（一九四三）年、新潟県は長岡にて生まれた。六人兄弟の次男。家は、家族で営む印刷業であったという。なにかを手伝わされたということもなく、また、工場が離れだったこともあり、親の仕事の記憶はないという。兄や姉の買ってきたマンガや雑誌を読むのが好きな普通の子供だった。

「親の仕事なんかお構いなし。手伝えとかまったく言われなかったんだ。だから、毎日寝転んでマンガばっかり読んでたよ。とにかく好きだったたもん」

佐藤が小学六年生のころ、突然に初めての東京旅行が決まった。兄に連れられて、長女である姉のところへ遊びに行くことになったのだ。このころの佐藤にとって、姉はあまり近い存在ではなかったという。比較的早い時期に東京へ嫁ぎ、年も離れていたせいか、ともに過ごした記憶が希薄だったのだ。姉が住んでいたのは早稲田。姉が嫁いだ人物は吉原三郎。古書店、文英堂書店の店主である。姉の家を拠点にして浅草にコンサートを見に行ったり、三鷹の天文台を楽しんだ。その時、もちろん姉の家の「古本」は意識しなかった。その店舗で働く自分の未来など、知る由もない。

佐藤が中学三年の時、父親が病気で倒れた。印刷業は長男である兄が継ぐことになった。卒業が近くなり、佐藤は東京の夜間学校へ進学することに。家庭の事情もあり、姉のところへ世話になることになった。早稲田のやや新宿寄り、戸山高校の夜間へ。そして、昼間は義兄の店である文英堂書店で働くことになった。学生ながらに古本の世界の入口に立つことになる。このころのエピソードを佐藤は話してくれた。古本屋についてなにも判らない佐藤青年は、本格的な東京行きの前に「古本屋」の練習をしたのだという。

「受験に行った時にお店見てさ、これは練習しないとできないや、ってのがあったの。それが本の包装。慣れた人がやるとパパッと早いじゃない。これはまずいと思ってさ、家で新聞紙使って何回も包んだんだ。ずっと練習してるの（笑）。あとは落丁繰りね。教科書使ってパラパラとやっているんだけど難しくてなぁ。どれも自己流での練習なんだからまったく上達しなくてね。結局ちゃんとできるようになるのは店に行ってからだったけどな」

東京へ出てきた佐藤は、文英堂近くの三畳間のアパートに住むことになった。朝八時半に文英堂へ。朝食を食べてから店の掃除。九時ごろには開店だったという。その後はただただ店番。当時は仕入れにあちこちまわるため、店主が店にいないのが当たり前だった。姉の子供が生まれたばかりということもあり、子供の面倒を見ながら姉と二人で店番をする毎日だった。

夕方、店を出て学校へ。五時半より授業が始まる。近所の社会人なども多く、東京に知り合いのいない佐藤にとって、楽しい日々だったという。学校が、いい息抜きになっていた。授業は九時一五分ごろまであり、九時半には店に戻る。当時はどこも遅くまで営業しており、文英堂書店は一〇時までの営業であった。帰ってきて店の閉店作業をして一日が終わる。それでも週に一度はバトミントン部の練習があり、その時は、仕事を忘れて遅くまで汗を流す時間を全力で楽しんだ。

夜間学校は、四年間通って無事に卒業した。そのまま、文英堂での勤務時間が増えることになった。単調な日々になってしまったので、新聞で募集されていた交遊サークルに入ったりもしたが、それほど刺激のない、記憶に残らない毎日が続くだけだった。

働き始めて一〇年になるころ、独立の話が持ち上がった。文英堂の通り向かいに空き店舗が出たのだ。場所は現在の、さとし書房の隣、岸書店のある場所である。義兄の後押しもあり、独立を決めた。義兄が本を分けてくれたほか、自分でコツコツ集めていた初版本も出すことにした。初版本が売れていたころでもあり、佐藤も集めていたのだ。当時は、古本屋も新刊本を多く扱っており、出版社に直接買いに行くこともあった。佐藤は、積んである本の中から初版だけを選んで買ってきて取っておいたりしたそうだ。出版社からの「セドリ」である。とにかく、開店時の本集めに苦労する店主が多い中、順調な準備状況であった。店名も、割と簡単に決まった。当時、早稲田には「佐藤書店（現在の三楽書房）」があったため、誰かに「苗字じゃなくて名前にしろよ」と言われ、名前をひらがなにして「さとし書房」と名づけることにした。昭和四四（一九六九）年冬のことである。

開店前日、積もるような雪が降った。どうなることかと床につき、朝を迎えた。いよいよ開店の日。諦め気分でシャッターを開けると、すぐにお客さんが入ってきた。

「告知したわけじゃないんだけどさぁ。どこかの店で情報を聞いた、セドリ屋さんだったと思うよ。小説本三冊。それが初めての売上げだった。でも、やっぱり嬉しかったよね」

約一年後、すぐ隣の物件が空き、移転することにした。店舗も広く、二階に住居もある。すでに子供も生まれていた佐藤は、子供の世話もしやすいと思って即決した。こうして現在の、さとし書房の歴史がはじまった。

佐藤は、東京に出てきて以来、親のような存在だった義兄たちへの感謝が強いという。独立も義兄がほとんど整えてくれたようなものだった。

佐藤は、開店に関する苦労話の記憶が薄いという。それはいかに義兄が開店時にフォローをしてくれたかということではないだろうか。記憶を消すほどの情である。今でも佐藤は、大店舗なので開店に時間がかかる文英堂の開店作業を手伝っている。さとし書房としてのキャリアも三〇年を超えた。そんな今でも、東京に住み始めたころと同じ思いが、絆とともにこの場所にある。

ひとり、告げて——関書店

高田馬場から、早稲田通りの左側を早稲田大学方面に歩いていくと、初めに出会う古本屋は平野書店。そのまま三、四分歩き、虹書店を過ぎると、左側に大きく開けた坂道が二つ見える。その右側のまがりくねった坂道「グランド坂」を過ぎたあたりに、大通りを横に見るような細い路地が延びている。まっすぐ行けば大学の西門、教育学部の建物に出る道だ。普段は、学生がひっきりなしに通る道である。通りに入るとすぐ左に、大学教科書専門の古書店である稲光堂書店があり、右に目を移すと、関書店がある。平成一五（二〇〇三）年に、建て替えとなった、現在の五十嵐書店の建つ場所から移転してきた。元は普通の住居だった建物で、店舗らしくない入口だ。ノブのついたドアが、開きっぱなしになっている。私が訪れると、「いやぁ、人こないなぁ」と関が迎えてくれた。大学が休んでいる八月の早稲田は、街の空気が地を這っている。

関書店店主、関恵二《けいじ》は昭和一二（一九三七）年に新潟県は長岡で生まれた。蘆溝橋事件の年である。三男五女の次男。実家は雑貨店「関商店」を営み、農業も兼業していた。当時、塩とたばこを町で扱っていたのは関商店だけだったということもあり、とても繁盛していたのだという。雑貨店の手伝いはともかく、稲の刈入れなどは随分手伝った。小さいながらに鎌を手にして刈り、干し作業をすることが役目だった。それでも、農作業は嫌いではなかった。なにより嫌いなものは学校での勉強だったからである。

「もう、とにかく嫌いなの。そのころでも高校に行くやつはそこそこいたけどさ、俺なんか最初から高校なんて選択なかったよ。これ以上勉強したくなかったから。だからさ、中学出たらすぐ働きに出ることにしたの。理由はそれだけだよ」

卒業した関は、親戚の紹介で働く場所を得ることになった。東京で建設会社を営む父親の弟の紹介で、北区の王子にある鉄工所へ勤めることになったのだ。父親とともに夜行に乗って東京へ。上野から電車を乗り継いで王子へ向かう。初めての賑やかな街並みを、車窓から目を丸くして見ていたという。関の東京生活が始まった。

就職した鉄工所は、ペンチを作る会社だった。あの、工具のペンチである。この工場内で、すべての工程が完了してペンチができあがるのである。関の担当は、研磨作業だった。金属の表面の傷を取り滑らかにする。比較的簡単な作業で、新米の仕事だったそうだ。朝九時から、日が暮れるまで、ひたすら同じ作業の繰り返しだった。

二年たったある日、関は鉄工所をやめることにした。手荒れがひどくなるのも嫌だったが、なにより毎日に面白みがなかったのだという。この仕事を続けていく、未来の自分がいつまでたっても想像できなかったのだ。「まぁ、若気の至りだよね、ハハ」。東京での拠点を失った関は、一度、故郷の長岡へと戻ることになった。

長岡に戻ってはみたものの、特になにをするでもなし、ただなんとなく月日だけが流れていく。あっという間に年末を迎え、年を越した。正月に集まってくる親戚などにも、どうにも気まずい。そんな時、「古本業界」への入口は突然現れた。関の実家の、目の前にある家の人間がやってきた。その人物を小林武という。後に、神保町にて仏教書専門店である小林書房を創業する人物である。当時、小林は神保町の東陽堂書店に勤務をしていた。小林は、関にこう告げたのだ。

「このままどうするんだ。若いのにただ遊んでいたってしようがないだろう。どうだ、一緒に働かないか。古本屋をやってみないか」

正直、関は「古本屋」という言葉にピンとこなかったという。好き嫌いではなく「わからない」というのが本音だったろう。しかし、本当に「遊んでいたってしようがない」のだ。こうして関は、二度目の東京行きを決めたのである。昭和二八（一九五三）年のことだ。

東陽堂書店での住み込み生活がはじまった。ともに働く店員は四、五人いた。新人の関も、定番の仕事をまかされた。古書店員を経験した人間のほとんどがそうであったように、落丁調べから仕事は始まった。鉄工所時代と同じ単純作業ではあるが、不思議と嫌ではなかったという。本の手触りが、自分に馴染んだらしい。しばらくして初めての強烈な古本体験があった。

「地方にね、古本の買入れに行ったんだ。まぁ、力仕事のために連れて行かれたの。倉庫にものすごい量の本があって、それにもビックリしたんだけど、とんでもない匂いで。殺虫剤のＤＤＴだかなんだか知らないけど本にたっぷり粉がかかっててさぁ。それを持ち出してね。もちろん手間をかけて、キレイにしてから古書市場に出品するんだけど。それがお金になるんだから、すごい商売だなぁと思ったよ」

少しずつ、古本屋の面白さに目覚めだしたころ、転機となるできごとがおきた。大量の買入れがあったのだが、先輩の小林が用事があって行けない。その役目が、関にまわって来たのである。車で朝から夜まで、丸二日運び出しにかかる量である。意識を失いそうになる緊張感が関を襲う。

「東陽堂の名を汚すことはできない」

自分の、いままでの経験だけが頼りである。長い時間をかけて、値踏みした金額を売主に告げた。一呼吸あり、売主の口が開いた。「いいでしょう」。

「この時の緊張は忘れられないよ。一生忘れられそうもないな。でも、売主さんの言葉を聞いた時にさ、この商売面白いなぁって本当に思ったの。この時から、本当の面白さに目覚めたんだと思うよ。いつか自分で、店をやりたいってさ」

古本屋勤めも一五年を過ぎ、関は独立を申し入れた。自分の城を持つ自信も出てきたころである。そして、早稲田で開業していた旧知の五十嵐書店から「隣が空いている」と話をもらった。少しずつ雑本を買い集め、昭和四四（一九六九）年五月、早稲田に関書店が誕生したのであった。

今日も、関は学生が通り過ぎていく外の様子を見ながら店番をしている。そんな時、かつての、店の中も外も賑わった時代をふと思うことがあるという。そんな気持ちに沈みがちな、関の背中をそっと押すもの。かつての買値を告げる緊張に震えていたあの日の自分が、いつも側に佇んでいる。

終わらない物語——安藤書店

今日の安藤は、いつになく饒舌であった。

「子供ってのは本当にいいものだぞ。本当にたくさんのものを親に与えてくれるんだよなぁ。すごく影響受けてるよ。俺は生まれた時にもう親父が亡くなってたから、親父というのがどういうものなのか知らないだろ。だから子育ては必死だったよ。大げさじゃなくて息子二人、命がけで育てたつもりだよ俺は」

酒の勢いもあったろう。しかしそれはいつも見ている安藤親子そのままの光景だ。安藤の言葉は、いつも力強い。

安藤書店店主の安藤彰彦《あきひこ》は、昭和一六年（一九四一）、下町の江東区深川にて生まれた。現在も残る、明治小学校の目の前である。長男、ではあるが末っ子だ。五人兄弟で、上の四人はすべて姉である。生まれた時に、すでに父を亡くしていた安藤は、家族全員が女性という環境で育った。後に戦況が厳しくなってきたころ、深川にも戦火は否応なく襲いかかってきた。激しい空襲に襲われた土地である。

「小さかったけどうっすら記憶があるんだね。焼夷弾で街が焼かれて。電柱がほのかに赤く、炭が燃えるようになっていた。姉の背中での記憶だけどね。姉がおぶって逃げてくれて。明治小学校の地下に逃げ込んで助かったこともあるんだ」

戦後、疎開先の山梨から戻ってきた安藤家は貧しい生活を強いられた。それでも母は、学校に通わせてくれた。高校も、夜間に通いながら働こうとする安藤に「普通に、昼の高校に行きなさい」と諭したという。安藤は、工業高校に進学することにした。

卒業した安藤は、通信機メーカーに就職した。当時住んでいた大塚からは遠かった会社に通うために、毎朝六時に家を出る。残業も、月に一五〇時間はあった。起きて働いて寝るだけの生活。板金設計の仕事をしていた安藤は、まもなく四年目を迎えるという日、会社をやめることを決意する。やはり焦りがあった。「こんな安い給料で将来やっていけるのであろうか」。不安ではあるが、転職へと心が傾く。それに、安藤には、あてがあったのだ。それが古本屋だった。

話は少しさかのぼる。安藤が中学一年の時、姉が結婚した。空襲時に安藤を背負って逃げてくれた、あの姉だ。嫁ぎ先は早稲田で新刊書店「三楽書房」と、古本屋「佐藤書店」を営む佐藤茂のところである。安藤は学生時代、よく店に通った。駄賃をもらえること、そしてなによりテレビがあるので『シャボン玉ホリデー』を見にいくことも多かった。慕っていた、下町気質のキップのいい姉は安藤にとって母親のようでもあり、また、父親でもあるような存在だった。その当時から「本屋になれ」と言っていた義兄が安藤の転職を断わることは、もちろんなかった。安藤は義兄に「商売がやりたい。教えて欲しい」と頼んだ。

「とにかく商売がやりたかったんだ。儲かるも儲からないも自分の仕事次第っていうね。で、偶然に義兄が古本屋という商売をやっていたわけで。だから、義兄がラーメン屋だったらラーメン屋になっていたと思うよ」

昭和三七（一九六二）年。古本屋になった安藤は、佐藤書店の奥の三畳間に居を移した。この場所で、同じく店員だった、後の三幸書房、飯島治昭と暮らすことになる。佐藤書店では、二人揃って店番をする日々が始まった。

「やっぱり最初は落丁繰りが大変でねぇ。時間かけて何冊もやるんだよね、義兄が買ってきたものを。値段は後からつけるんだけど、時間かけて調べた本があっけなく一〇円均一になったりするとガッカリしたよな。あと、このころは開店中に絶対に入口閉めなかったから冬なんか寒くてね。帳場の下で豆炭燃やして。三幸さんと並んで震えてたなぁ」

当時は池袋に古本の市場があった。三羽烏の時代、佐藤もよく利用していた市である。市が終わり、荷物を取りに行くのも店員の務めであった。

「自転車で荷物取りに行くんだよ。早稲田から池袋の途中にものすごく急な坂があってね。でこぼこなんだ。大変なのは行きの上りじゃなくて、帰りの下り。坂のはじっこだけ平らなんだ。自転車から降りてその平らなところを押していくんだけど、荷物積んでるからバランスとれないの。腕がパンパンになっちゃってな」

当時は、夜一〇時までの営業だったという。今の感覚で「そんな時間にお客さんはいるんですか」と聞いたところ、即、答えが返ってきた。

「今と違って、お客さんのピークが九時ごろなの。夜間の学生さんが、この時間にドッと早稲田方面から帰ってくるんだ。この時なんか、高田馬場から早稲田方面へは大げさじゃなくて歩けないぐらい。学生さんもさ、行きに全店見ていって、帰りに一番安いところで買って帰るんだね。夜も賑わいのある、いい時代だったよ」

勤め始めて八年。安藤が独立する日が来た。佐藤書店を継いでほしい、と義兄は思っていたようだが、自分の名を冠した安藤書店をやりたいという気持ちが強かった。店舗は知り合いが紹介してくれた。少し前に、結婚相手となった女性を紹介してくれた人物だった。棚と本は、義兄が貸してくれた。お金は少しずつ払ってくれればいいとの配慮をありがたく受けた。こうして昭和四五（一九七〇）年、家族の愛情につつまれて開店となった。

「借りた店舗は元が床屋でね。下がタイル張りだったんだ。改築するまでそのまんまだったよ。で、床屋だから水を使うのが多いせいか、水漏れがおきたりして困ったりね。でも、本や棚を譲ってもらえたのは大きかった。恵まれてたね。姉、義兄には感謝してもしきれないんだ」

文頭の安藤の子息のうち、次男の彰浩《あきひろ》は、現在古本屋である。アパレル業界で働いていた章浩に「古本屋になれ」と安藤は言い続けてきた。章浩にとっても、どこか「いつかはやるんだろうな」という予感はあった。数年後、仕事をやめて古本屋になることを決めた。安藤の意向で、神保町の古書店・田村書店で修行ののち、早稲田に戻ってきた。そうなれば、安藤書店二代目というのが普通ではあるが、安藤の選択は違っていた。安藤が勤めていた佐藤書店は、安藤の独立後に閉店。その後、新刊部門であった三楽書房を古書店として継続。しかし当時は、店主である佐藤の体調不良で、三楽は長い休業をしていた時期であった。安藤の選択は、章浩に三楽書房を継がせるということであった。「三楽のシャッターがまた開くんだよ」の嬉しそうな声は、今でも筆者の記憶の中にある。「古本屋」という世界に入った安藤家の物語は、これからも続いていくことになった。

住む街の風景――飯島書店

早稲田古本屋街というものが、早稲田大学とともに歩んできたということはいうまでもない。専門店こそ少ないが、古本屋の棚を見れば比較的専門書が多いのがわかる。大学を中心にした街ではあるが、そこには当たり前のように、生活というものもあるだろう。料理本を探す主婦、将棋の本を探すおじいさん、そしてコミックを探す若者。古本屋街で、その期待に応えられる店は少ない。そのような中で、飯島書店は開店から約三五年、街の人々にそのような本を提供し続けてきた。

店主の飯島芳久《よしひさ》は、日中戦争が始まる昭和一二（一九三七）年、山梨県にて生をうけた。現在の山梨市、岩下温泉のすぐ近くである。家は養蚕業や米・麦といった作物を作る農家であった。六人兄弟の末っ子。学校が終わったあとは、いつも仕事の手伝い。そんな飯島の楽しみは、家族の読んでいた雑誌たちだった。

「お蔵にね、箱があるの。その中に兄とかが読んだ当時の人気雑誌『キング』とか『富士』があって。それを引っ張りだしてきて読んでね。楽しくて楽しくて。このころの思い出からか、本とか雑誌には、いい印象しかなかったなぁ。他に娯楽もなかったけどね」

飯島家と古本屋をつないだのは兄弟たちであった。長女である姉が親戚の紹介で、東京は荻窪にある岩森書店の岩森正郎に嫁いだのである。そして、そのつてでもって正郎の兄である岩森亀一が営む三茶書房（世田谷区三宿時代）で、次男である勲が働くことになった。（勲はその後独立。目黒区鷹番にて飯島書店を営むようになる）東京に親戚の家ができたということで、休みには、姉のところへ行くこともあった。

「いや、やっぱり憧れの場所だからね、東京は。行くだけで嬉しいんだ。岩森さんにおみやげの本もらったりね。それを読みながら帰るのもうれしかったんだね」

高校の卒業がせまったころ、岩森書店に勤めていたひとつ上の兄が転職した。友人たちが次々に東京の大学行きを決めていくも、自分は家の事情もあり大学へは行けそうもない。東京への思いを募らせていた飯島は、すぐに兄の代わりに岩森書店で働くことを決めたのであった。昭和三〇（一九五五）年のことである。

住居は、岩森書店二階の四畳半。ここに、東京の大学に通うために住み込んでいた親戚の大学生と二人で住むことになった。朝起きて、近所にある夫妻が住む店舗兼自宅（当時は二店舗だったのだという）へ行き朝食をとる。その後、戻って開店。昼食時以外はずっと店番だった。

「とにかく万引きされないようにと必死でね。気張って店番しているつもりでもさ、どうしても取られちゃうんだよね。箱だけ残して中だけ持っていくのもあって。岩森さんに『おい、これ空だぞ！』なんて怒られたよ。ホントくやしくてねぇ。このころはお客さんのこと、睨みつけて店番してたかもなぁ。怖い店員がいる、なんて思われてたかもな（笑）」

当時は、荻窪にて古本市が開催されていた。映画館「荻窪文化」の横にあった荻窪古物会館で隔月に開催。岩森書店も参加していた。この古本市用の出品物は二階に置いてあり、本の上げ下ろしも一苦労だったのだという。

「本はね、二列に積み上げたものを太い紐で縛ってあってね。これを一階に下ろすわけだ。ギュウギュウに本を並べるような今の古本市と違って、全部面出し陳列だったからね。帯に金額や書名書いて。だから量はそれほどでもなかった。でも均一コーナーみたいなところがあって、そこ用の本が結構いるんだね。ここにはドッサリ本を並べるから。で、その本の上げ下ろしを岩森さんとやるんだ。それが二階から紐で吊るして下ろすの、階段の吹き抜けから。もちろん、俺が上だよ」

高円寺の古書市場にて、店主岩森が買った品物を取りに行くのも仕事のひとつだった。風呂敷ひとつを持ち、電車に乗って高円寺へ。かつぐのがやっと、という本を背負って帰ってくる。電車の中では、下ろすと再度苦労して担がなくてはならないので、手すりに両手でつかまりバランスをとって耐えたのだという。

「変な格好で重さに耐えてね。まだ若かったしさ、女子学生の視線が恥ずかしかったよ」

店員生活が一〇年になろうというころ、飯島は漠然と独立を考えていた。親戚の店員が新しく入ってきたということもあり、そろそろという雰囲気になったのである。休みの日には、兄の勲と歩いて店舗を探したりもした。しかしながら、頼りにしていた兄が自身の店舗移転で忙しくなり、お金もなかった飯島の独立は霧の中になってしまう。その独立を後押ししたのが、早稲田に店舗を持つ親戚の三楽書房店主、佐藤茂であった。いい店舗がある、と紹介してくれたのだ。しかし皮肉なことに偶然、神保町で修行を終えた大川（大川書店店主。現在は廃業）も同じ場所に目をつけており、かちあってしまう。結局飯島が降りることになった。この店舗には、住居部分がついていなかったからだ。すでに二人の子供がおり、資金も豊富ではなかった飯島には自宅、店舗という二つの家賃は負担だったのだ。その旨、三楽書房に告げると「じゃあ、こっちはどうだ」と紹介されたのが、長い間営業することになる店舗であった（古書現世の高田馬場寄り。子育て地蔵の横にあった）。店の奥に居住スペースがある、理想の環境であった。時は昭和四五（一九七〇）年。「少年マガジン」がこの年に一五〇万部突破、漫画が市民権を得ていき、雑誌も駅などでの販売が定着して部数をのばしていった。飯島書店の主力となっていく商品たちが勢いを増していた。本そのものが少ない時代。新人が本を集めるのが苦難な時代であったのだが、岩森書店の援助を受け、棚をきっちりうめて飯島書店の歴史が始まった。

「最初のころは日付が変わるぐらいまで営業してたかな。自宅兼だったしね。この街に住んでいる学生さんなんかも多かったから。遅い時間にも銭湯帰りの人がいたりして活気があったね」

平成一七（二〇〇五）年七月、飯島書店は移転することになった。やや早稲田寄り、二朗書房の近くである。この場所で、新たな歴史をスタートさせることになった。店外へ出ると、親子が絵本を選んでいる最中である。その向こうでは一〇〇円のコミックを選ぶ学生たち。この街も、以前とは違い、生活感の希薄なビルが増えた。買い物籠が揺れる店頭の姿。見えづらくなったこの街の風景を、人はこの場所に探しに来るのかもしれない。

記憶を挿す——平野書店

記憶を甦らせる店内である。久しぶりに、早稲田の古本屋街を訪れた人間の時間を一瞬でつなぎとめる。店内に並ぶ本にはすべて、あの半透明の紙、グラシン紙が巻かれている。以前、取材に訪れた作家の角田光代が、学生時代初めて得た古本の記憶をすくい出したのもこの店であった。棚に出すものすべて、一冊一冊に手を入れていく、根気のいる作業だ。

「やはり、そのまま出すと汚れがつきますし、帯も切れることが多いですから。次に買ってくださるお客様に、いい状態で手渡すにはどうするかを考えて、つけることにしました。いまでも毎日コツコツつけているんです」

近代文学の専門店である平野書店。平野書店は、早稲田ではじまった古本屋ではない。しかしながら、近代文学の専門店としてスタートしたのは早稲田に店舗を移してからである。専門店としての始まり。それが現在に至る、平野書店二度目の「開店」である。

平野書店店主の平野信一は、大正一四（一九二五）年、墨田区の本所にて生まれた。転居が数回。記憶があるのは、豊島区の雑司ヶ谷に移り住んでからだという。少年のころから、本が好きだった。絵本を卒業すると「少年倶楽部」や『のらくろ』を何度も読み返した。楽しみは近所の夜店。雑に積まれた中から「少年倶楽部」のバックナンバーを買いあさった。読書欲は増すばかり。その後は江戸川乱歩の『少年探偵団』から、大人ものの乱歩へと読み進めた。すっかり探偵小説が好きになった平野は、その後も春陽堂の「日本小説文庫」にはまっていく。就職するまでの平野は、まさに「本の虫」であった。

父の転職により、北区赤羽へ。平野自身も、いよいよ就職することになった。就職したのは日本経済の中心、兜町の証券会社であった。しかし、そこには今までの読書生活とは違う、ただ現実だけが続いていく毎日があった。

「想像を絶するマネーゲームの現場でした。ひたすら利益追求だけの世界ですから。私も若かったですから、そういうのが合わなかったのです。それで退職を決意したのです。その間の収穫といえば、マネーゲームの裏表を近くで見ることができたこと。なかなか経験できませんから。それと株主優待券を使って、映画や演劇を観たことぐらいですかね（笑）」。

暗い時代は、すぐそこまで来ていた。太平洋戦争が開戦。父はそのころ、軍指定工場の建設のために船橋へ行っていた。親子離れ離れの生活が続く。結局、一家揃って船橋に移り住むことになった。ここでの生活は悪くなかったという。海が近く、農地もある。食料に困らない土地だった。戦中とはいえ、比較的自由な毎日を送ったのだという。

「就職していないと白紙（徴用）が来るので父の軍需工場に籍を置いて自由に暮らしてました。映画を観たり、少なくなってしまった本屋の棚から本を買ったりして。徴兵となれば先のない人生と思っての父の配慮でしょう。感謝しています。その後、滋賀の航空隊に入隊しまして。そこで終戦を迎えました」

復員して船橋に戻ったものの、職がない。戦争が終わった今、軍関係の仕事をしていた父も失職。職を探すも、そう簡単には見つからない。そんな時、知人に勧められたのは露天商だった。下総中山駅前ならできるのだという。とりあえずやるしかないということで、商売することを決意。売るものは本、と決めた。そのころには、興味が日本文学や海外文学に移っていたので、その中から読まなくなった物を台に並べてみた。すると、一瞬で売れてしまうではないか。あわてて父親の人脈を頼って集めたり、同じような露店の本屋から仕入れたりした。続けていると「本を売りたい」というお客さんも現れた。露店ではあったが、着実に「古本屋」として軌道にのってきたのであった。

そんな時、近くに住む人物から、ある申し出があった。通りに面した邸宅の一部を店にしないかという。ありがたい話なので、即決。店舗を持つ古本屋へとなったのを機に、千葉県の古書組合にも加入した。千葉の古書市場で働くとともに、各地の古書市場にも出入りしていると、同業の知人も増えていった。当時、特価本の買い入れ問屋をしていた神保町の文省堂書店・西澤楯雄もその一人だった。ある時、西澤より提案があった。墨田区本所吾妻橋に小売店を出そうとしたのだが入院することになった。良ければ君がやらないかと言う。平野は受けることにした。しかし、始めてみると、この店舗は狭く、近所に老舗の古書店があることもあり、あまりいい状況ではなかった。そのような時、江東区深川森下町にいい店舗を発見。父と相談して、借りることにした。家族だけで三軒を営業するのはつらい。幸い森下町店はいいスタートをきったので、まず中山店を閉店。その後、吾妻橋店も閉店させた。その後、親戚のすすめで荻窪にも店舗を出すも、これもトラブルなどがあり閉店。森下町店が、唯一の平野書店として残った。

昭和四五（一九七〇）年、平野に転機が訪れた。きっかけは以前吾妻橋の店舗出店を平野に声をかけた、文省堂書店・西澤楯雄の弟、西澤幹雄である。楯雄は出版の世界に転身（名著刊行会）しており、書店は弟の幹雄が継いでいた。文省堂は早稲田に支店を出しており、その数軒先に空きが出たと、親しい平野に声をかけたのである。早稲田が古本屋街としての形を整えてきた時代だ。結局、その中へ飛び込むことに決めた。その後、森下町の店を閉め、早稲田の平野書店が誕生した。たくさんの古本屋がある、こういう場所だからなにか特徴をと言われて、好きだった文学を専門にすることにした。グラシン紙を巻きだしたのも、その後のことである。

「今、本当に文学が売れない時代になりましたね。でも、好きで始めたのだし、いまさら変更もできませんからね。これからも我慢して続けていくだけですよ」

グラシン紙に包まれた店の風景は、もう三〇年を超えた。歩いているこの街はどんどん変わっていくけれど、きっとこの店内から見た外の風景は変わっていない。それは、訪れた人々が、自分の記憶を、本棚に挿して帰るからなのかもしれない。今、人は、数分後に数分前の過去が消えていくような毎日を生きている。平野書店目当てに早稲田を訪れる人は多い。それは、この店に初めて入った日の、棚を見つめる自分にいつでも再会できるからである。

まわり道――岸書店

早稲田古本屋街は、時間をかけて一軒一軒まわるお客様が多い。専門店が少なく、どの店にも探している本が見つかる可能性があるからである。そのように店を流して歩き、岸書店に入ると、思わず「えっ」と声が出るのではないか。歴史・民俗・仏教の専門店であり、箱に入った厚い本が並ぶ。入った途端まわれ右して出ていく人、抜け道を抜けるように店内を一周して出て行く人も少なくないという。早稲田では異端の書店なのである。

岸書店店主、岸明治《あきはる》は昭和一三（一九三八）年、台湾の高雄で生まれた。鉄道会社に勤めていた父親が、仕事の関係で訪れていた地で生をうけたのである。戦後、昭和二一（一九四六）年に引き揚げ。着の身着のままで舞鶴港にて初めて日本の地を踏み、父親の実家である新潟県の長岡市青山町にて、日本での生活をスタートさせた。

昭和二八（一九五三）年、中学の卒業を控えた岸は就職先を探していた。農家の生まれではないので、家業を継ぐこともできない。さらには就職難の時代である。就職するには、東京に出るしかないようだった。ひょんなことから東京への道がつながった。町の呉服屋が、東京の親戚のところへ就職口を紹介してくれたのである。選択肢は二つあった。呉服屋の親戚にあたる三田の質屋。そしてもう一つが、その質屋の親戚にあたる神保町の古書店、玉英堂書店であった。もう一人、就職希望の同級生とともに、呉服屋に連れられて汽車で東京へ。今とは違い、八時間ほどのちょっとした旅である。面白いことに、この時点では、どちらがどっちへ就職するということは話にもあがらなかった。そんな状況でも、岸は、東京へ行く期待と不安からかそれほど気にしていなかったという。夕方、上野駅に到着。ここで呉服屋は、突然二人に告げたのである。

「どちらでも好きな方を選べばいい」

実は少し前に、岸は取次の東販《とうはん》（現・トーハン）の試験も受けている。やはり、本に関係する就職を希望していたのだろうか。

「いや、全然。東販も偶然でね。学科は受かったけど面接で落ちてね。ヒョロヒョロだったから頼りなく見えたのかな。この時も、絶対こっちってのはなくてね。『古本屋』というのも正確に理解してたわけじゃないしね。だから『古本屋』というか、ただの『本屋』だったよ、認識は。『新刊本』とか『古本』とか、わからないもの、そのころは」

結局、岸は「どちらかというといい感じがした」古本屋を、自分の意志で選択した。その後すぐに、呉服屋に連れられて神保町へと向かった。一瞬の選択で古本屋になった岸は、なにもわからないまま東京の夜を迎えた。

当時の玉英堂は、木造の三階建て。一階が店舗、二階には店主たちが住み、三階の狭い部屋が店員の部屋であった。当時、神保町の古書店員は、住み込みが当たり前。その狭い部屋で、先輩にあたる当時の番頭であった人物と住むことになった。その人物こそ、現在も早稲田で文英堂書店を営む吉原三郎であった。なにもわからない岸は、先輩の吉原にひとつひとつ教わりながら慣れていくしかなかった。

朝の六時に掃除が始まる。ハタキかけ、ショーウインドウのガラス拭き、棚直し。一時間かけて掃除を終えると、ようやく食事。二階の社長宅の台所で、吉原と二人で食べる。

「今の感覚だと早いけど、開店は八時だったんだ。食事終えたら、すぐ開店。それでも新学期なんかはすごかったな。早い時間から店が満員になって。小六法やなんかの法律書、経済書みたいなものが飛ぶように売れたね。あまりにお客さんが多いんでね、店の外に立たされて店番したことがあったもの」

入店して二年後、変化があった。番頭の吉原が、独立するために店を出たのである。繰上りとはいえ、未成年番頭の誕生である。

「そう、一八歳で番頭になって。番頭ったって一人しかいないんだから。市場に荷物引取りに行ったり。当時は風呂敷でかついで運んだからね、店と何往復もして。お客さんへの届け物だって大変だよ。平凡社の大百科事典ね。あれをリュックに詰めてね、残りを袋二つに入れて両手に持って電車に乗って届けたり。当時は古本屋も新刊書を扱って売る時代だったから取次の神田村に本取りに行ったり。落丁調べも一人でやって。仕事が増えて「今後自分はどうなるんだろう」なんて思ったりしてたね」

一〇年やって一人前。そんな言葉が生きていた時代。岸はある日社長に告げられる。

「どうだ、そろそろ独立しないか」

入店して一一年目のことであった。この日から、休日の物件探しがはじまった。さいわい、物件はすぐに見つかった。場所は杉並区、荻窪駅のそばだった。六坪の店内に、四畳半の部屋がついていた。住むこともできるし、一石二鳥である。上京した父（戦後は大工になっていた）が、本棚を作ってくれた。自分でコツコツ集めた本と、ゾッキ本を並べて「岸書店」はスタートする。生活も仕事もある、自分の城ができて充実した毎日が始まったのではあるが……。

残酷な結末であった。この店は、たった一年で挫折する。店の売上げも上がらず、そこには暗い現実、不透明な未来しかなかった。

「このままで借金を返せるのか心配になってね。傷口が広がる前にと思ってやめてしまったんだ。今思えば、青い時代だったな。次のことなんか何も考えてなかったよ。二ヶ月ぐらい、何もせずにブラブラしてた。収入もゼロだよ。で、このままじゃいけないと思って、恥をしのんで同じ神保町の慶文堂書店で、再び一から修行することにしたんだね。一〇年以上前の自分に戻ったような気分だった。それから八年。長い長いまわり道だったよね」

昭和四七（一九七二）年。当時、店舗も増え始め、現在の古本屋街の形を整え始めていた早稲田に出店を決意。見つけた店舗は、偶然にも玉英堂時代の先輩、吉原が営む文英堂書店の通り向かいであった。

「当時はとにかく本が少ない時代でね。市場でも先輩相手になかなか買えなくて。それで知り合いに雑本を世話してもらったりしたんだけど、それでも棚が埋まらなくてね。開店初日には空いてる棚にダンボール箱を差してごまかしてたんだ。なにも入ってない棚見せるよりいいかと思ってね。今でも当時を知るお客さんには言われるよ。『あんたとこは昔ダンボール屋だったもんなぁ、本より多かったもの』なんてね（笑）」

歩いていれば、いつかは目的地へたどり着く。学術書中心の店ながら、岸の人柄に触れに来る客も多いのだ。その人柄は、いつかの苦しむ自分を見つめる眼差し。まわり道も、悪くない。

浮き草——古書現世

昭和一九（一九四四）年、北海道は小樽にて生まれた。この年、母親が営んでいた料亭が戦争の影響で酒を調達できなくなり廃業。美唄へと居を移すことになる。当時の美唄は三井美唄炭鉱により活気のある街だった。父親は炭鉱夫を集めるような仕事をしていた。この炭鉱の社宅に移り住んだのである。その父も五歳になったころ、結核に倒れた。この時の、見舞いに行ったという微かな記憶が、父親のすべてだという。父親の死後、兄である長男が、炭鉱で使用するライトのバッテリーを製造する会社へ就職して一家を支えた。そして運命の昭和三五（一九六〇）年。この年、炭鉱が閉鎖。街を離れなければならなくなった。就職口や家庭の問題で、一家は離れて暮らすことになった。長男、次男は各自別々に就職。三男である本稿の主人公は、母を連れて親戚を頼り上京することになった。筆者の父親である古書現世《げんせい》店主、向井佑之輔《ゆうのすけ》である。東京は、安保闘争の季節を迎えていた。

足立区の綾瀬にある洋服縫製工場。親戚が営むこの工場が、東京での仕事場になった。デパートなどで販売する洋服を作っており、職人も一〇人程いたという。工場の建物にある部屋に母親と二人暮し。給料生活の始まりである。

「社長からは五年働けば独立させてやると言われたんだ。小さい工場を持ったら仕事をまわしてくれるって言われたの。こっちはさ、どのみち働かなくちゃいけないしね。母親もいるし。そういえば住んでたアパート、国鉄の下山総裁の遺体が発見された線路が見えるところだったんだ。これは後で気付いたんだけどね」

はじめて古本屋を利用したのも、このころだという。娯楽の少ない時代。パチンコが楽しくて、休日は北千住まで歩いて行った。その北千住の駅前に小さな古本屋があり、そこの一〇円本を買って帰るのも楽しみのうちだった。詩集が好きで、新潮文庫の『萩原朔太郎詩集』などを荒川土手で寝転んで読んだりすることもあった。

その後、この工場は倒産することになる。皮肉にも、来年はいよいよ独立だという四年目のことであった。最後の賃金も貰えず、ただ放り出されることに。とりあえず、少ないお金でアパートを借りて、再就職口を探すことになった。

このころ、佑之輔には仕事を忘れられる趣味ができていた。それはタンゴであった。新聞で募集していた「タンゴ同好会」にも加入し（若者は自分一人だったとか）自分の父親のような人間とタンゴに聴き入ることも。神保町のタンゴ喫茶『ミロンガ』は憧れの場所。工場勤めのころも、近くに納品がある時などは、短い時間でも、と通ったりしていた。

「神保町に勤めれば頻繁に行けると思ったんだ、『ミロンガ』へ。だから職安で神保町での仕事を探してね。で、あったのが八木書店の取次部だったの。高卒以上ってなっていたんだけど、面接に行ったら取ってくれて。でもビックリしたよ。当時の取次部は、まさに『ミロンガ』のすぐ近くだったんだからね、偶然にも」

順調に仕事をしていた佑之輔であったが、一年後、ある事が原因で退職。その後、ある人に神保町の新刊書店を紹介してもらい入店。しかし、ここもトラブルで長くは続かなかった。

「今思えば若気の至りとしか言いようがないね(笑)。ある本屋さんに『お前はもう本関係の仕事あきらめろ』って言われたんだから、この時。それで、どうしようかなぁと思っていたら北海道時代の友人から誘いがかかったんだね」

友人と始めたのは、古本を集めて古本屋に売る仕事であった。安く買った車で官公庁や大学の寮をまわり、古本を集めた。それを知り合いの古本屋に買ってもらう。ある日、チリ紙交換の荷台に古本を発見した。譲ってほしいと頼むと「こんなのタテ場(回収場)行けばいっぱいあるぜ」というではないか。そのような場所を知らなかった二人は、そのチリ紙交換の業者に連れて行ってもらうことにした。場所は杉並区の、とある場所。

「かなりいい本があったんだよ。だけど、こういうところには縄張りがあるんだよね。すでに古本屋が入ってるの。なかなか売ってもらえなくてね。しようがないから無理矢理いい値段つけて告げたら急に態度が変わったの（笑）。それからは、ここで随分本を買ったよね。最初のような、とびきりのいい本は出なかったんだけどね、その後は」

しばらくして、一緒に集めていた友人が病気のために北海道へ帰ることになった。車は置いていくというが、佑之輔には免許がない。しかし働かなくては金がなく、日中働いていては教習所に通えない。だったら夜働こうと、探してみつかったのが浅草のキャバレーでの仕事だった。従業員が少ないので、呼び込みから雑用までなんでもこなした。免許をとるまでの数ヶ月、勤めあげた。

「で、免許とって『さぁ始めよう』という時にいきなり事故おこしちゃってさ。だってブレーキ二度ふまないと止まらないボロ車なんだよ。廃車になっちゃって。で、どうにもならなくなって結局あの杉並のタテ場で車借りてさ、チリ紙交換になったんだよ。本だけ、じゃなくなったの」

しかしながら、まったく貯金もたまらず将来的にはかなり不安な生活ではあった。このころ、古本が出ると持ち込んでいたのが、現在も早稲田で営業を続ける五十嵐書店だった。五十嵐が、神保町で営業していた時代からの知り合いであるし、いろいろと相談してみると「うちで働いていい」というではないか。佑之輔は、決断して五十嵐書店店員となった。ひさしぶりに、書店員へと戻ったのだ。五年で独立をめざすことにして、古本屋生活が始まった。

五年後、いよいよ独立することに。ちょうど、五十嵐書店が倉庫をひとつなくすことになり、その場所をそのまま店舗として借りることができるようになった。

「当時は仏教に興味があってね。まぁ現世の俗の中にも仏を見られるんだということで現世とつけたの。来世よりもまずは現世が大事って。今でこそ、おかしな店名の古本屋がたくさんあるけどさ、そのころは『おかしな名前だな』って随分言われたよ。商売としては、まだ売れていた時代だったから結構順調なスタートだったかなぁ。それも長く続かないんだけどな（笑）」

父はこの後の歴史も語りつづけた。そこにも面白い話があったのだが、それはまた別の話。また、いつの日か。

道端で——渥美書房

「いや、なんだか本屋になれば地元に戻ってもできそうな気がしたんだよね。目指していた、教師とか勤め人とかにはやっぱりなれないなぁと思って。ようは、いかにドロップアウトしていけるかって考えてたんだね。道の真ん中は歩きたくなくて」

気がつけば、まもなく開店して三〇年を迎えるという。血縁を辿って古本の世界へ入るケースが多い早稲田の店主の中で、渥美書房店主である渥美洋司《ようじ》は、自分で希望してバイトになり、独立した人物である。社会との緩やかな関係を求めて、そんな未来を心に描き、自分の意思で業界の門を叩いた。

渥美洋司は、昭和一九（一九四四）年、愛知県安城市で生まれた。六人兄弟の次男。実家は農家。しかしながら父親は農協の職員で、農作業の現場へはほとんど出られない状態であった。小学生の高学年ともなると、農作業を手伝う日々が続くことになった。学校が終わると、すぐに家に戻り作業をする。田植え、草取り、収穫。稲の収穫が終わると、今度は麦栽培の時期が来る。

一年中、仕事がなくなることはなかった。

地元の中学を卒業後、高校へは進学せずに、某企業の養成所へ入った。中卒者対象の職業訓練学校である。勉強が嫌いだった渥美に、高校に進学するという選択はなかったのだという。だが、数年後に思いは変わることになった。高校を卒業した、自分と同じ年の人間が工場に入ってきた時に、なにか説明できない不安が渥美を襲ったのだ。高卒組と出会って、別に嫌なことがあったわけでもないし、自分が劣っていたというわけでもない。それでも、「自分の選択は間違ってたのかもしれない」という気持ちが、生まれたのだという。それは、比較的安易に進路を決めた自分とは違う、もう一つの自分の可能性というものに出会ったための不安だったのであろうか。

結局、恥ずかしい思いをするかもしれないという気持ちもあったが、渥美は高校へ入学することにした。四つ年下の世代が同級生になる。

「それでも入ってみたらね、自分と同じような人が結構いたの。高校に入りなおした人がね。同じ思いを持った人がいると思ったら、気持ちが楽になってね。それでも年下には負けられないと勉強も随分したの。それも最初だけだったけどね（笑）」

高校の卒業が近くなり、進路を決めなくてはいけない時期になった。悩んだ末に、渥美が選んだ進路は、大学進学である。「勉強が嫌いだから」と、一度は高校進学を拒否した人間とは思えない選択だ。

「いや、親からも『受かるわけない』とか言われる程でさ。誰からも本気にされないんだよ。でも、教師になろうと思ったのね。まぁ、高校の先生に『お前はつぶしが利かないから教師にしかなれないなぁ』とか言われたからなんだけどさ。当時はほら、先生にでもなるか、先生にしかなれないの『でもしか先生』って言葉が流行ってたころだから。自分でも不器用なのはわかっていたから、それしかないのかな、って」

受けた大学は國學院大學である。しかし、受験当日、自分の力を出すことができなかった、と渥美は思った。結果を見に行くまでもない。次の進路を決めることなくダラダラと過ごす日々が続く。しかし、それは渥美の勝手な思い違いだったのである。ある日、学校から「入学手続きが済んでいないようですが」と電話があった。諦めていた大学生活が、突然動き出した。

予定通り、渥美は教職課程を取った。大学生活は過ぎていき、教育実習にも行った。だが、すでに教職につくつもりはなくなっていた。ここで文頭の言葉が出た。それに安保の季節、学生にやりこめられる教員の姿を見て「大変そうだな」とも思ったのだという。地元に戻って、そのころは「楽に見えた」古書店主にでもなって一生を終えようか。気持ちはかたまりつつあった。

「おじさん、ここ、バイト探していませんか？」

場所は神保町の山陽堂書店。渥美にとって、この書店は記憶に焼きついていた書店なのであった。卒論で使う、数万円する某全集を購入したのがこの店だったのである。その後、岩波書店の本の専門店となる同店であるが、当時は雑多な本を扱う書店であった。地元で営業、となると専門店ではきつい。そういう面からも、この書店は理想的に見えた。店主は「いいよ」というではないか。その後しばらくして、正式に意志を伝えて店員となった。

住まいは後楽園の近く。山陽堂書店の倉庫があり、その二階が渥美の部屋となった。しばらくして新たな店員が入り、二人住まいになっても倉庫の上ということで広く、不自由はなかったという。朝、店舗まで行き、食事をしてから開店作業をして一日が始まる。

「俺はね、あまり店番はしなかったんだ。免許を持っていたから社長と車で買い入れ行くことが多くてね。一日に三軒くらい行っていたからね。当時は買い入れがホント多くて。そのうち、一人で買いに行く機会も増えてね。修行中はひたすら買い入れの毎日だった。ほとんどの記憶が、買い入れの記憶なんだ」

最初から、修行は五年という約束だった。五年という歳月は長い。その間に、渥美の心境に変化が訪れていた。大学のころ、少しかじった国文学の本を売りたい、と思ったのだという。面白いと思いながら、どこか中途半端で終えてしまった感のある学問に心がかたむいていた。専門書店をやるとなれば、地元に戻っては難しいだろう。それならば、五年いた神保町ではない場所で、それなりに専門書店でやっていけそうな場所でと思い、大学が近くにある早稲田に店舗を探すことにした。そんな折、社長と親しかった早稲田の二朗書房店主の日野原二郎が、店舗を紹介してくれることになった。現在の店舗横、ガラス張りのビルが建つ前の場所にあった建物である。ビル新築のために、二朗書房が仮店舗として営業をしていた場所だった。棚もある理想的な場所だった。国文書は、大学時代の同級生たちの蔵書を譲ってもらい揃えた。こうして昭和五一(一九七六)年、渥美書房が早稲田に誕生した。二年後、近くの大家さんの好意で、目の前の建物に移転。それが、現在の店舗である。

「開店してすぐにある店主が来てさ、今より悪くはならないって言われたんだけどね。違ってたみたいだよね、今の状況を考えるとね(笑)。息子が仕事を手伝ってくれるようになったし、俺もあと一〇年かな、と思ってるけど」

いま少し、端を歩き続ける。

父の古本――江原書店

　ここ数年、古本業界でもっとも変わったことといえば、女性店主が増えたことではないだろうか。「男の世界」と思われていた業界に、少しずつではあるが目立つようになってきたのだ。早稲田古本屋街には、亡くなった店主の後を継いで「店主」となっている女性（奥様である）は存在していたが、いわゆる初代の店主はいなかった。そんな早稲田に、女性店主の古本屋が生まれたのが平成八年（一九九六年）。江原町子が営む、江原書店である。開店はしたものの、子育てとの両立も難しく、店も休みがちとなっていた。母として、店主として、模索し続けた一〇年間だったのかもしれない。

　江原町子（旧姓・望月）は昭和二四（一九四九）年、当時でいう大阪の南区、いわゆる「ミナミ」にて生まれた。二人姉弟の長女。江原の父親は古本屋だ。店名は望月書店。昔ながらの、雑本を中心とした街の古本屋であった。父方の兄弟は「本」に縁が深かった。父親が古本屋、その弟も古本屋（店名・イサオ書店。現在も千日前にて営業）。さらに妹二人は、新刊書店に嫁いだのである。そんな家に生まれたからか、江原も小さいころからの本好きだった。小学生のころには「どれか一つ、という印象が残らないほど」の漫画を読んだという。どこか暗いイメージを持つ古本屋自体は好きになれなかったというが、本の世界へは、深く入り込んでいくことになった。

「思い出すのは小学二年の時です。夜でしたね。あれ、潰れたんですかねぇ。貸本屋さんの店にある本を全部引き取りに行くところについていったんです。トラックいっぱいに。たくさん読めるなぁと期待してたら市場に出しちゃったのか一冊もなくなっていて。古本屋になった今だから理解できますけど当時は不思議でしたよ、どこにいったんだろうって」

地元の高校から、関西学院大学に進学。文学部で、ドイツ文学を専攻することにした。やるからには本格的にと、リルケや、トーマス・マンの原書を読んだりしていたという。大学二年が終わったところで、江原はあることを決意した。ドイツへの留学である。

「なんか刺激が欲しかったんですかねぇ。ハイデルベルク大学（一三八六年創設の、ドイツ最古の大学）の通訳科へ行くことにしました。外国人がドイツ語を勉強できるんですね」

ドイツでも〝本の虫〟は疼いた。近くには新刊書店はもちろん、古本屋が数軒あり、江原にはいい環境だった。しかしながら、現地の古本屋は厳格な雰囲気で、新刊書店で本を取り寄せて購入するほうが多かった。

「向こうは古本屋の地位が高い感じがしました。大学の友人たちも古本屋の娘だと言うと、見る目が変わるような感じで。いや、うちの父親の店を見せてあげたかったですよ（笑）」

三年がたち、江原は日本に戻ることになった。見える形というわけではないが、自分の気持ちの中で区切りがついたのだという。こうして、休学扱いになっていた関西学院大学へと戻ることになった。二年後、卒業。しかし、もう少し勉強をしたいと思った。そして、なにより東京へ出たかったのである。結局、学習院大学の大学院に進むことにした。

「ドイツ演劇の岩淵達治先生がいたことも決め手になりました。ブレヒトの翻訳などで有名な先生です。結局、修士課程三年、博士課程二年と五年お世話になりました。博士課程になってからは非常勤講師として他の大学で教えたりもしていました」

進路を決めなければならないような時期。それでも江原は物足りないと思っていた。もう少し勉強したい。その「物足りなさ」が、江原を再び海外へと向かわせることになった。今度の行き先は、ウィーンである。

江原はウィーン大学の演劇課へ入学。昼は勉強、夜は劇場通いの日々だった。有名なブルク劇場をはじめ、数々の演劇を見て回った。日本では味わうことのできない、夢のような日々である。

そんな中、たまに劇場で日本人らしき男を見かけることがあった。親しみ、というよりは「変な人」というのが正直な感想だった。しかし、彼は突然に江原の身近に現れた。同じ大学のイラン人留学生が「友人に日本人がいる」と紹介されたのが彼なのであった。彼は就職していたのだが、休職して留学をしている人間である。お互いに趣味が似ていることもあり、すぐに親密になり、恋に落ちた。それは、ウィーン生活の終わりを決める出来事でもあった。昭和五〇（一九七五）年、彼が日本に戻ることになったのである。一緒に帰国し結婚することにした。江原の長い「物足りなさ」を埋めていく旅が、終わりを迎えたのであった。

日本に戻った江原は、大学の非常勤講師になった。数年がたち、学習院時代からの慣れた職業ということもあり、このまま安定した職業になると思っていた矢先、少し困ったことになった。耳の聞こえが、不自由になったのである。生徒の声が聞こえない。補聴器に頼る生活になった。それでもやはりコミュニケーションに不安があってはむずかしいと江原は判断して、転職を決意することになった。

家で自分一人でできる職業はないか。そこで出てきたのが、翻訳という仕事だった。留学の経験をいかせる。仕事は夫の友人がくれた。車の説明書などの翻訳作業である。依頼は順調だった。しかし、締切の要求が厳しく、子育てにも追われるようになっていた江原には限界がきていた。やめようか。そんな時、引っ越しをすることになった。しかし、家を覆いつくす本の山。引っ越し先の間取りを考えると、どうにかしなければならなかった。悩みながら当時の住まいから比較的近い早稲田方面を歩いていた。

「古本屋さんがいっぱいあって。そうか、自分で売るのもありかなと思ったんです。古本屋の娘ですけど、どちらかといえば『新刊書店派』だったので自分で売るなんて考えたこともなかったんですけど。なにより自営業なら自分のペースでできそうだと思ったんです」

さっそく、父親に相談すると猛反対された。修行もしないでできるわけがない、という。まさにその甘くない道のりを歩いてきた父である。それでも、娘の動じない決意を見て無駄だと思ったか、しばらくして、今度は積極的に手伝ってくれるようになった。店舗決めにも、立ち会ってくれた。江原は「自宅の本を整理するために」なろうと決意した古本屋だったというのに、ほとんど処分はできなかった。父親が、値段もきっちり付けた状態で開店分の本を用意してくれたのである。こうして、父の想いにつつまれながら、江原書店が誕生した。

「父は本当に自分の店のようにやってくれました。私の本が並んだ棚なんて、ほんと少しになっちゃって。亡くなる年まで、ずっとダンボールで本を送ってくれていました。電話で『本、足りてるか』なんて感じで。本当に助かりました。感謝しています」

開店はしたもののその後、働く夫を支え、子供たちの学校生活を守るために江原書店は休みがちになっていた。そして、平成一八（二〇〇六）年。下の子供が、大学に合格した。その日から、江原書店は「普通に開いている」古本屋になった。今後は、母親としてではなく古本屋として、過ごしていく日々が待っている。父親の歩いてきた道を今、ひとり歩き始める。

いつかの音――ブックス・アルト

　小学校の片隅で、ぎこちないバイオリンの音が響いている。「もはや戦後ではない」という時代ではあったが、何ごとにもそれほど厳密ではなかったのだろう。校舎の中で、私的なバイオリン教室が開かれていた。バイオリンに触れられることが嬉しかったという。そんな些細な経験が音楽への入口になった。そして数十年後、「アルト」という名を持つ古本屋を開店させることになるのだ。その男の名を、後藤泰久《やすひさ》という。

　小学校から高校を卒業するまで、横浜という土地から離れることはなかった。生活のすべてが横浜にあった。そんな日々が変わるのは大学に入ってからである。場所は豊島区目白。後藤は学習院大学に入学した。古本屋、としては異色中の異色ではないだろうか。小中学校時代のバイオリンの感覚が忘れられなかった後藤は、音楽関係のサークルに入ることにした。学習院輔仁会音楽部。大正一一年創部の伝統ある部である。後藤は音楽部内の、管弦楽団に所属することになった。

「そんな本格的にやろうって感じじゃなかったんです。でも、せっかく始めた音楽でしたから。それに、やりたかったバイオリンは、人気があるのでやれなかったんです。まず、持っていなかったですし、バイオリンを。そうしたら顧問がビオラをやらないかって。人数が足りないんだって言うんです。やるんだったら、自分のビオラを私が買うまで貸してくれるって言われて」

正直いやいやだったという。一言で言えば「地味な」ビオラを弾くことになるのが、である。それでも、やってみると意外に面白かった。

「ビオラというのは、縁の下の力持ちなんです。地味なんだけど全体を支えているんです。私も派手なタイプではないし、結構むいているのかなぁと思いました」

音楽に明け暮れた大学時代も、終わりを迎えようとしていた。いざ就職、となると音楽というわけにはいかない。後藤の頭に浮かんだものは「本」であった。

「高校時代には、神保町に行ったりもしていました。ありきたりの古典小説、漱石とか太宰とか堀辰雄とかですね、読んでいたのは。でも、大学で再び音楽を始めてからは読まなくなっていましたね。自分でも読書家だとは思っていません。なんでしょう、雰囲気が好きなんです、本屋という。小さいころ、よく親に連れていってもらった有隣堂への憧れかもしれません」

明治四二（一九〇九）年、伊勢崎町にて創業した書籍文具店の有隣堂。その、ハイカラなイメージを、後藤は持ち続けていたという。なにか本に関する職業につきたい、と探していて見つかったのが、ある洋書取次の会社だった。輸入された洋書や書店からの注文のチェックなど、受発注管理の仕事である。この仕事は、約二〇年続いた。何もなければ、生涯の仕事となっていたのかもしれない。しかし、その日は突然やってきた。倒産である。二一世紀まで、一〇年をきったころの話である。

「やはり、続けて本に関係する職業につきたかったんです。半年は失業保険で暮らしました。で、探していたらホント偶然なんですけど、ある新刊書店に入れることになったんです。嬉しかったですねぇ。その書店でも、店舗に出ていたわけではないんです。ここでも受発注の事務方でした。常に地味な役なんですね、私は」

新たな生活も、それほど長くは続かなかった。五年がたち、「不景気」という言葉が当たり前のように語られる時代へ。後藤の働く書店も、例外ではなかった。どうも自分がリストラの対象者らしいという声を聞いた後藤は、自分で会社を後にすることにした。現実的な話ではなかったのだが、ある夢を実現するのにいい機会だ、と思ったのも後藤の背中を押した。

「いつか古本屋をやりたいなぁ、とは思っていたんです。実は、前につとめていた洋書取次の会社、あれ神保町なんですよ。毎日のように休み時間にまわってまして。すっかり古本のとりこです。どうしたらなれるのか、とか関係なく『やりたい』という気持ちが出てくる。そんな感じでした」

古書組合に問い合わせてみると「店舗がないと組合に入れない」とのことだった（現在は認められている）。次の職業は古本屋と決めていた後藤は、それならと、すぐに店舗探しに入った。自宅のある雑司ヶ谷から近いほうがいい、という条件で探した。近くで古本、となると早稲田が思い浮かぶ。しかしながら、いきなり玄人の集団に入っていくのは気が引けたという後藤は、早稲田と同じ圏内に入る高田馬場で店舗を探すことにした。

「家賃が高いところが多くて、なかなか決まりませんでした。もう駄目かなと思って、ふらふらして人通りのない路地に入り込んだんです。そうしたら、一軒の中古CD店がポツンとあって。隣のシャッターを見たら『空店舗』の張り紙があったのです。呼び込まれたように出会ったわけじゃないですか。そこに運命的なものを感じて、すぐに決めました。決まったらすぐに本を持ち込みました。店名ですか？　やっぱり自分で集めたものも、音楽書が多かったんです。自分の今までの人生同様、縁の下の力持ちのような古本屋を目指したくて。フランス語でビオラのことをアルトというんです。親しんできた楽器ですしね。そのようなことからブックス・アルトと名づけました」。平成一二（二〇〇〇）年のことである。

開店日、新聞への折込チラシがよかったのか、お客さんで賑わった。親戚からは樽酒が届いてびっくりしたが、お客さんにも振舞って好評だったという。うれしくて、営業中にもかかわらず妻とも祝杯をあげた。

「でも、次の日からは静かなものでした」

その後、古書組合にも加入。そして平成一六（二〇〇四）年、後藤は店舗を早稲田古本屋街のメインストリートに移した。ある古書店主が、店舗を世話してくれたのだという。場所が良くなり、しかも家賃が下がった。嬉しい誤算であった。

音楽が好き。本が好き。後藤は、いい音楽を聴いてもらいながら本を見てほしいと思い、店内にはクラシックを流している。幼き日、学校の片隅で弾いていた曲が、今日もブックス・アルトには流れている。

星を売る人――メープルブックス

「いらっしゃいませ！」

店内に足を踏み入れると、心地よい声に迎えられた。いわゆる街の古本屋で、入店と同時に声をかけられるということは珍しい。信じられないことだが、本を買った後でも「ありがとうございます」を言わない本屋もあるというのだから。メープルブックス店主・越川信雄の声は、どこか人柄がにじむ。すっと手を差し伸べてくれるような、そんな雰囲気で店内を包み込んで人を迎える。二〇〇四年二月の開店。本書刊行時点での、早稲田古本屋街で一番新しい古本屋である。

越川は昭和三五年（一九六〇）、江戸川区平井にて生まれた。父親はトラックの運転手。独立独歩で生きる父親は、とても厳しい人間だったという。この地には、長く居なかった。交通量の多い通りに面した自宅。ある日、買い物にでかけた越川少年は、車にひっかけられたのだ。大事には至らなかったものの、両親ともに「今後も危ない」と感じたことから、千葉県の船橋に引っ越すことにした。さらにその後、東京の町田市に移る。

「大学を卒業するまで町田でしたから。私にとってはここが地元という意識が強いですね」

星が好きな少年だった。小学生のころ、「オリオン座を見てみよう」という授業の後、実際の星を見てあっという間に夢中になった。望遠鏡も買い、「天文ガイド」を購読するのだから相当なものである。しかしその後、興味は、年齢とともに次第に薄れていってしまう。再び、自分の中で重きをなす日がくるのだが、それはまだ先の話である。

東京経済大学を卒業した越川は、自宅から歩いて行ける距離にある音響メーカーへ就職した。特に興味があったわけではなかった。なんとなく、近いということだけで決めた就職。なのに入社直後、仙台営業所へ行けとの辞令が下る。仙台で営業を四年間勤め、その後東京へ戻ることになった。しかし、越川は会社をやめる決断をする。

「ちょうど、ＣＤが普及しだすころだったんです。なんだかレコードの針を売ってるのも不安だったので。いいきっかけだと思ってやめることにしたのです」

しばらくして、半導体商社への再就職が決まった。しかし、なかなか東京へ居続けることができない。今度は大阪で働くことになった。一九九四年、阪神大震災の前年である。震災を体感した約一年後、越川に転機が訪れた。鹿児島県のアマチュア天文家、百武裕司によって発見された「百武彗星」が話題になったのだ。「そういえば、昔は星が好きだったな」。少年のころの、天文好きの血が騒ぎ出したのか、越川は彗星を一人で見に行くことにした。この日から、神秘的な彗星の尾に引かれるように、再び空を見上げる日々が始まるのであった。給料の大部分が、高価な望遠鏡や、星に関連する本や雑誌に消えていく日々のはじまりである。出かけた山奥で、星空を見る。それが何よりの、仕事の疲れを癒す方法になっていた。

ある年、営業から管理部に移っていた越川に突然の衝撃が襲った。リストラである。上司も含め、管理部に所属していた四〇代以上の社員は、皆退職を迫られることになった。仕事を探さなければならない。かつての仲間は、再び会社勤めに収まる中、越川には違う感情が生まれていた。

「なぜなのか、なにかを独立してやりたいという気持ちが出てきたんです。自分でもビックリですよ。なんでも一人でやってきた親父の血なのかなぁ（笑）。で、フランチャイズのリフォーム会社の面接に行ったんです。でも『あなた、向いてませんよ』と言われちゃって。ダメだったんです。ここで合格していたら古本屋にはなっていませんね、間違いなく」

何かが吹っ切れたという。今、一番やりたいことをやろうと決めた瞬間である。それは星に関係する仕事しかなかった。かといって「天文学者」という訳にもいかない。そんな中、やってみたいと思ったのが、天文学関係の古本屋だったのだという。

「僕は決して本好きな人間ではなかったのですけどね。星の本だけが好きという人間なので。それから、古本屋になんてまったく行かなかったんです、僕。本当は天文学関係の新刊書店をやりたかったんですね、多分。イメージしていたのは、町田の新刊書店の久美堂さんでした。小さいころからの馴染みの書店さんでしたから。お店での接客、挨拶なども新刊書店の影響なんです。でも、新刊書店はお金のかかり方が違いますから。古本屋さんのほうが現実的な夢だなぁと思いました。いやぁ、今考えると安易で恥ずかしいですね」

どのように古本屋になるのかをネットで調べたところ、以前、「古本屋になる方法」というような講座を開いていた古書店主がいた。町田の有名店、高原書店である。地元町田のこの古書店さえ、越川は知らなかった。社長である、高原坦（故人）に連絡を取ってみると、相談にのってくれることになった。

「長い時間、親切にアドバイスをいただきました。とても感謝しています。特に印象に残ったのが、仕入れのために古書組合に入った方がいいということと、大学が近くにあったほうが扱える本に幅が出るという二つでした」

さっそく行動に移すことにした。大学、と聞いてすぐに「早稲田」が思い浮かんだ。当時住んでいた中野からも近く、古本屋もたくさんある。探してみると、大学に近い店舗がすぐに見つかった。いざ動き出すと、保証金やら内装やらで、意外にお金がかかる。あっという間に貯金が消えていく。まだ棚の入っていない店内。棚というものは結構高いものなのである。懐も、心許なくなってきた。越川は、棚を買わずに木材を買った。一部をのぞき、手作りの棚にすることにしたのである。そんな苦労も、今はただ楽しいものであった。そして、店名も決めた。

「ちょうど会社をやめたころ、『いつもふたりで』というドラマがあったんです。で、主人公の松たか子が勤めていた出版社が〈楓書房〉という名だったんです。いい名前だなぁと思って同じにしようかと思ったんですけど、ちょっと硬いかなぁと思って英語にしてみたんです。恥ずかしいなぁ（笑）」

古書組合にも加入申請した。加入すると、毎日のように開催される業者の市に出入りできるのである。ここで、天文関係の本は揃えるつもりだった。しかし、まったく集めることができないと気付くことに、時間はかからなかった。

「なかなか天文関係の本は出品されないし、出たら出たで専門の書店さんが高額で落札するしでまったく買えませんでした。甘い認識ではいったので、すぐに揃えられると思っていたのでショックでした。すぐに、路線変更せざるを得ませんでしたね」

結局、自分の手持ちの天文学関係を少々と、市場に大量口で出品されている雑本を買ってきて店を埋めた。こうして、メープルブックスは、開店の日を迎えた。一番最初に売れた本は、雑本の定番である源氏鶏太であったという。

多数の星に線を引いて星座を作り上げるような、そんな雑本の楽しみも、わかってきたという。謙虚に宇宙を作り続ける、〝星を売る人〟が早稲田に生まれた。

第三章　店を継ぐもの——二代目店主の物語

赤とんぼ——稲光堂書店

グランド坂の上から、早稲田大学教育学部のある西門へ向う通りを西門通りという。早稲田通りから入り、すぐ左側を見ると間口の広い扇形をした古本屋がある。早稲田大学の教科書専門店である稲光堂《とうこうどう》書店だ。店に入ると、白髪で長身の人物に迎えられた。現在の店主、三瓶富也《みつがめとみや》である。昭和七（一九三二）年生まれ。父の古本屋がある早稲田で生まれた生粋の早稲田っ子である。少年時代は、まだ見晴らしの良かったこの地で、日が暮れるまで遊んだ。

「このあたりもね、そのころは空き地がいっぱいあったの。でもね、車の通りも少なかったから さ、車道の隅なんかでベーゴマやメンコして遊んだな。夕方になると赤とんぼが飛ぶんだ、早稲田通りの真ん中とかを。たくさんいてなぁ。紐の両端に重りつけて銀紙まいてね、それをヒョイと上に投げるの。そうするとなぜか、とんぼの方から寄ってきてからまって落ちてくるの。それを取るんだ。後に疎開先の千葉でこれを披露したら神様みたいな扱いだったんだよな」

心地よい昔の早稲田に、しばし思いを馳せる。

創業者である三瓶勝《まさる》は明治三八（一九〇五）年、千葉県の現・鴨川市で生まれた。大正八（一九一九）年、東京へ奉公に出た。奉公先は戦後、新刊書店として早稲田大学正門近くで営業していた広文堂である。当時はまだ、古本屋であった。昭和四（一九二九）年に独立。同じ早稲田、現在は喜楽書房があるあたりに店を出した。当時より、教科書と参考書が中心だったという。学部ごとに、政経なら政経というようにセットとして紐でくくって売ったそうだ。その後、すぐ近くに移転。通りの斜め向かい。大観堂書店の数軒隣りである。このころ、戦争に突入。東京に大規模の空襲があった直後に、妻と子供は千葉の実家へ疎開させた。そして、勝も徴用にとられることになった。誰もいなくなってしまうし、いつ空襲で焼けるかもしれない。勝は広文堂に、店を商品ごと買ってもらうことにした（現在も「広文堂　坂上店」の看板だけが残っている）。ここで、古本屋には一度ピリオドを打つことにしたのだ。それが昭和二〇（一九四五）年五月のこと。三ヶ月後に終戦を迎えることなど、知る由もない。

三鷹の軍需工場で少しだけ働いた後、航空機などの代用燃料として作られていた松根油の製造のために実家のある千葉へ。ここで終戦を迎えた。しばらくは農作業を手伝っていたのだが、やはり自分には合わず、再び東京へ出ることになった。本を扱っていた日々を思い出すと、やはり自分には古本屋しかないのだと気づいたのだ。早稲田で店舗を探し、見つけたのが現在の店舗であった。先がわからない身だ。長男の富也だけを連れて昭和二一（一九四六）年、古本屋を再開店。それは富也の、古本屋としての始まりでもあった。

それにしても、教科書はよく売れた。新学期が始まると、三人体制での店番だった。帳場は父の勝、学生が希望する教科書を棚から出すのが富也、それから万引き防止のためにアルバイトを雇って、外から監視させた。数日間は、昼食を食べる暇もなかったという。現場が一番。嫌でも先生の名前を聞けば、すぐに教科書を棚から出せるようになったという。

ある年、富也は大学へ入学することになった。勝の意向だった。自分ができなかった勉強を、今のうちにしておいたほうがいいと思ったのだ。富也は無事に早稲田大学商業科に合格。目と鼻の先の大学通いがはじまった。

「大学と店番の生活になってね。勉強の方は全然進歩なかったんだ、不良もいいとこ（笑）。店番してると友達が教科書買いにくるんだ。随分おまけしてやったよ。ついでにメシまで食っていくやつもいてさ。『箸は持ってきました』なんてのもいたな。あと、助教授ぐらいの先生なんか相談しやすいのか変な相談いっぱい受けた。パチンコに連れてってくれとかな。その人なんか角帽かぶって変装してんだ。あと、新宿にあった室内アイススケート場に連れてってくれとかさ。勉強以外では頼りにされてたの（笑）。あと、金貸してくれってのも多かった。でも、あのころのお客さんは義理堅くてな。同業者同士だと一割引だって知ってて、近くの店の本を買いたいって言ってさ、俺に買わせて最初の値で買ってくれたり。店先もさ、家庭みたいだった」

結局、人間好きの勉強嫌いでは長く続かず、大学は中退となった。店番だけの、生活に戻った。その後、ＢＩＧＢＯＸの古書市が始まると教科書だけというわけにもいかなく、古本市用の本は富也が仕入れるようになる。父は自由にやらせてくれた。

「お互い干渉しなかった。俺も急な金が必要になったら隅っこの本を勝手に他店に売っちゃったりしてさぁ。親父も見て見ぬふりだよ。手伝いもしたけど、迷惑も随分かけたよな」

勝が亡くなったのは、昭和六一（一九八六）年である。体調不良を訴えてはいたものの、先ほどまで野球を見ていた勝は突然倒れ、そのまま亡くなった。近所の医者を待つ、富也の腕の中で亡くなった。富也は最期にそっと、「ありがとう」と言葉を置いた。

富也には働きに出ている子供がいるが、今のところ継ぐ予定はない。自分も、なんとなくなってしまった職業だけに、あまりそういう話もしないのだとか。最後に、一冊の本を見せてもらった。一緒にパチンコ屋へ行った先生の追悼集である。「みんな亡くなっていくんだ」。ともに店の入口から早稲田通りをながめる。「ここからも見えたんだぜ、赤とんぼの群れ」。ちょうど夕暮れ時の街に、学生たちが足早に歩いていた。

幸せのカタチ――照文堂書店

戦争のような二ヶ月が、以前はあったのだという。教科書販売の話である。二月の期末試験が終わると古本屋には、買い入れの行列ができるほどに学生が売りに来た。瞬く間に、店の通路が埋まっていく。倉庫もいっぱいになる。それから新学期が始まる四月までは、ひたすら整理の日々だった。教科書ごとに分け、値段をつける。書き込みなどもチェックする。普通の本だとマイナス要因である書き込みだが、授業の要点などが書き込まれていたりすることもあり、わざわざ「書き込み本」を探しに来る学生もいた。早稲田でも少なくなった古本の教科書販売を現在も続ける照文堂《しょうぶんどう》書店は、戦前からこのような光景を支えてきたのだ。

創業者である伏黒清二《ふしぐろせいじ》は、明治四一（一九〇八）年に富山県にて生まれた。いわゆる富山の薬売りをしていた清二であったが、昭和三（一九二八）年に東京へ出ることになった。従兄弟を頼って、東京で仕事をすることになったのだという。従兄弟は神保町で、文興堂書店という古書店を営んでいた。今も昔も古本屋修行は厳しいものだが、従兄弟ということもあり、修行中は、とても良くしてもらったと後年語っていたそうだ。働いて数年が経ったころ、清二は事故に巻き込まれたことがあった。神保町の交差点付近で、トラックと接触したのである。当時は本の持ち運びに風呂敷を使用していた。その荷物に守られたせいか軽症ではないものの、足のケガだけですんだのだという。そんな時にも「無理はするな、ゆっくり治せ」と、数ヶ月間にわたり温泉地で療養させてくれた。そのおかげで、心配された後遺症もまったく残らずに完治したそうだ。

働き始めて八年が経ち、いよいよ独立するために店舗を探し出すと、早稲田にいい店舗があった。元も書店だったようで、居抜きで入れる物件だ。当時、早稲田の古本屋は大学正門前の通りに集まっており、グランド坂上には、稲光堂書店、大観堂書店、それから文献堂書店ぐらいしかなかった。清二は、そこに加わることにした。店舗の看板を見ると「照文堂書店」とある。文章を照らす。いい名前だと思い、そのまま使うことにした。昭和一一（一九三六）年のことである。

現店主の三夫は、清二の子ではない。昭和一五（一九四〇）年、新潟県長岡の生まれである。高校を卒業後、化粧品メーカーに就職。研究室に配属されて、研究員のアシスタントの仕事についた。ビーカー洗いや、実験用の原料を量ったりの下仕事だ。一年間働いているうちに、自分も研究員になりたくなった。そこで、日本大学理工学部の夜間に通うことにした。会社を定時に退社してから学校へ行くと、一時間目は毎日遅刻。単位がなかなか取れずに苦労することになる。それでも五年をかけて卒業し、そのころには、アシスタントを使うような研究員へとなっていた。

三夫が結婚をすることになった。新潟出身が多い古書業界。三夫の家も、親戚に古書業界関係者が多かった。そんな親戚の中の、ある神保町の店主が古本屋の娘を紹介したのだ。その娘の父親こそが、伏黒清二なのであった。大黒柱となり、中堅の研究員として会社でも重宝される立場になっていく。会社に入ってから、一〇年が経とうとしていた。

家庭を持つと、将来についていろいろと考えるようになった。なにより転勤などについて深く考えてしまう。また、当時は海外への技術輸出なども増えており、いつ自分がその役になってもおかしくはなかった。そんな時に、心の中で大きくなってくる自営業という影。自分がそのような気持ちになるのも、清二の店が気になっていたからだった。親戚に古本屋が多いということも後押しとなった。照文堂書店のある早稲田には、従兄弟である文英堂書店の吉原三郎もいる。まったく違う業種であったが、そんなことからも近くに感じていた職業だった。清二に転職のことを相談すると、すんなり了承された。昭和四五（一九七〇）年、新たな道を歩き出す。

店を手伝い始めると、お客さんの家へ清二と本を買いに行く機会が多かった。一冊の本でも値段をつけるということが難しいというのに、数百冊という本をまとめて買うことが多かった。そばに立ち、清二の仕事を見ながら自分にもできるようになるのかと不安になったりもした。それでも時が経つにつれ、本を系統だって見ることができるようになると、逆に量が多い方が買いやすいということが解ってきた。教科書を覚えるのも一苦労である。少しずつ、役割が変わっていった。清二が店番をして、三夫が本の仕入れに行く。そんな自然な変化は、理想的な幸せのカタチだったのかもしれない。

平成九（一九九七）年、清二がこの世を去った。早いサイクルで変わっていくようになった教科書は、何年も受け継がれていくこともなくなった。教科書を販売していても、「新学期」というものが以前ほど特別な季節ではなくなった今を、明治生まれの清二はどのように見ていたのだろうか。一八歳で実家から離れ、たまにしか里帰りしなかった三夫にとって清二は、本当の父親と変わらない存在だ。朝から晩まで、ともに本に囲まれて仕事をした二〇年近い古本屋生活を思う。人手もなくなり、古本市にも出ることがなくなった。公私ともに、なんとなく外に出る機会も減り、店番をする時間が増えた。

平成一三（二〇〇一）年、嬉しいできごとがあった。新刊書店に勤めていた長男の悟《さとる》が、店を継ぐことになったのだ。しばらく参加していなかった古本市にも、再び参加するようになった。今まで扱わなかったような教科書以外の本も、棚に入れるようになった。自分の時がそうであったように、今、照文堂書店は自然に変化している。店主の三夫に「ただの店番」が増えてきたのは、再び訪れた幸せのカタチなのかもしれない。

山道のほほえみ——新井書店

山に関する本は、意識的に集めている。自分が店の本を仕入れするようになって、真っ先に集め始めた。専門店というには少ないくらいの、ささやかなコレクションである。

「以前、勤めていた会社にさ、山岳部があってね。よく一緒に山行ってたの。楽しくてさ。そのころ山に関する本を集めたりもして。弟もさ、好きなんだ。だから兄弟二人の本を中心にして集めだしたんだ。山も趣味みたいなレベルだったし、本集めも趣味の延長みたいな感じだよ」

話を聞いていると、串田孫一の『山の断想』が売れた。「さっき入れたばっかりだよ、お客さん」と新井が声をかけると、店内がワッと賑やかになった。

現店主である新井久敏《ひさとし》の父は、新井清《きよし》という。大正一一（一九二二）年、墨田区向島生まれ。詳細はわからないのだが、清の父は、特価本売りと貸本を営んでいたのだという。しかしながら、東京を襲った関東大震災により、店舗が全壊してしまう。しようがなく、同じ向島で露店での営業を続けることになった。

戦後は、清も手伝うようになった。マンガ雑誌なども人気で、商売は繁盛していた。しかし昭和二四（一九四九）年、公道上露店の撤去命令が出る。交通障害や、美観を損ねるという理由からであった。お上には逆らえず、露店は廃業。本や雑誌を売るような仕事は続けたいと思っていたので、店舗を探すことになった。そして、新井親子が見つけた土地が早稲田であった。戦災により、ボロボロになった居も移すことにした。場所は、現在の店舗と同じ場所である。開店した新井書店は、新本屋だった。新本の割引販売をする店舗として、スタートしたのだ。

現店主である長男の久敏が生まれたのは、昭和二七（一九五二）年である。グランド坂の上にある本庄医院にて産声をあげた。地元の中学を卒業後、中野の工業高校へ進み卒業。品川にあった電信会社に入社した。そこでは、設計部に配属された。電話の交換機などの設計をする部署である。山登りに凝ったのも、この時期であった。新井は、「しばられたくない」という理由から、あえて山岳部には所属しなかったのだが、誘われるがままに年数回の登山へと参加した。楽しい思い出として、真っ先に思い出すのも、この時期だそうだ。

新井は、四年後に会社をやめることになった。新井書店は、その後に条件のよかった高田馬場駅前、戸塚第二小学校向かいに移転していたのだが、そこを立ち退くことになったのだ。昭和五〇（一九七五）年のことだ。諸々の事情により、移転先は練馬区富士見台となった。すると困ることがひとつあった。当時参加していた、駅前のＢＩＧＢＯＸ古書市の搬入作業である。父の清は車の運転ができない。今のように気軽に運送を頼める環境はなかった。新井の気持ちは、父の手伝いをする方へと傾いていた。理由はふたつ。まず、勤めていた会社に、品川から埼玉方面への移転の噂があったのだ。通うには遠いし、早稲田を離れるのも嫌だった。もうひとつは、なにより、当時の古本屋の売り上げからすれば、新井の給料は雀の涙なのであった。それほどに、本が売れていた時代である。こうして、新井久敏の古本屋生活が始まった。

富士見台のお店は、商店街の真ん中という立地もよかったのか本の買い取りも多かった。雑本ではあるが、あまり市場で本を仕入れてこなくても間に合うぐらいには本を仕入れることができた。新井は最初、値付けで悩んだ。父が古本屋であるというのにだ。新井書店は、清の父の死後、いわゆる普通の古本屋へとなっていた。新本の特価売りで生きてきた父は、「定価の何割かで売る」というスタイルが身についていたからか、「値段はわからない。お前が自分で勉強してつけろ」と突き放したからである。少しずつ市場で値をさぐったり、BIGBOXの他店の棚を見てまわったりして、感覚をつかんでいくしかなかった。

昭和五三（一九七八）年、新井書店が再び早稲田に戻ってくることになった。移転ではなく、支店の開設である。BIGBOXの古本市は、参加資格が「東京古書組合新宿支部所属」なので、富士見台にしか店がないのはまずかった。早稲田に長くいたこともあり、継続して参加させてもらっていたのだが、「例外」が続いていくのが嫌で支店を早稲田に作ることにした。場所を探してみて見つかったのは、新井書店が早稲田に開業したころの、あの場所であった。新井書店の移転後、いくつかの店が変わり（その中には、三楽書房・佐藤の営んでいた佐藤書店の名も）、再び新井書店が戻ってきたのだ。

この店を出したころから、実質的に新井が店主となった。父母は富士見台の店の営業をしているので、早稲田の店は新井が仕切ることになったのだ。高円寺・西部古書会館で火曜日と金曜日に開催される業者市の手伝いなども積極的にするようになった。結局、新井は、この市場を長く支えることになる。まわりの先輩店主が、仕事に、飲みに、いろいろと教えてくれたのも、この市場が中心だった。「高円寺」は、古本屋の学校のようであった。

数年前、高齢ということもあり、両親ともに店へ出ることはなくなった。富士見台の店のシャッターも下りたまま。中は倉庫になっている。新井は居を富士見台へと移し、両親の面倒を見ながら、早稲田の店へと通っている。若い若いと言われていたが、気づいたら五〇歳を越えていた。自分の周りの環境も、厳しくなっていた。それでも、新井はマイペースで歩く。変わらなく山を、登り続けている。山登りの記憶は、笑顔だからだ。

消えない虹——虹書店

世界の悩みが聞こえる棚である。アフリカ、ベトナム、北朝鮮。世界の現代史が、並ぶ。一古本屋の棚ではあるが、こうして見ると、世に戦争が途切れなくあることがよく解る。日本の現代史もよく揃っている。戦後学生運動の文献などは、早稲田一の品揃えだ。店名を虹書店という。創業者は、自分で選択することもできず消えていく弱き人々を見てきた男だ。本を通じて、犠牲になっていく弱き人々に、語りかけることを続けた生涯であった。

創業者である清水敏吉《としきち》は大正一二（一九二三）年の元旦に、台東区浅草にて生まれた。祖父母の影響の濃い家庭であったという。祖父は廻船問屋をしていた生粋の江戸商人であったが、大手に押されて没落。敏吉が生まれたころには、同じ屋号で文房具の行商を細々とするようになっていた。親同然だった祖父の死は、悲しかった。太平洋戦争で物資統制が始まると、仕入れ不能で廃業同然となる。失意の中、唯一の趣味であった酒も配給でほとんど飲めなくなったころ、祖父は亡くなった。敏吉の目にも、寂しい最期に見えたそうだ。

敏吉はといえば、関東軍に配属になり、満州にて終戦を迎えた。そして、死者が多く出たシベリヤ抑留にあう。運良く日本に帰ってくることができた敏吉であったが、数年間の過酷な生活が身体をボロボロにしていた。結核を患った敏吉に療養後、突然に古本屋の入口が現れた。アルバイトの話である。代々木駅にほど近い古本屋なのだが不思議な店で、どのような考えなのか貿易会社の重役が店を買い、その妻が「三人の子供の高等教育費を稼げ」という命を受けて開いたという店だった。働いてはみたものの、この店は二年で閉店することになる。それほど儲からず、主人が「これなら株式投資のほうが良い」と言い出したのだ（当たり前である）。結局、昭和二七（一九五二）年、敏吉はこの店を譲り受けることになる。店名は、ソ連の女流作家ワシレーフスカヤの作品名『虹』からもらって、虹書店とした。虹が出現する、美しいラストシーンに感銘を受けた作品だった。

現在の店主である康雄が生まれたのは昭和三二（一九五七）年である。代々木駅近くのこの店は、康雄が小学校三年生になった昭和四一（一九六六）年、立ち退きにあった。移転先となったのが、早稲田。現在の場所である。学生運動が盛んなころには、店の前で催涙弾が飛び交う姿を見たり、バリケード封鎖された学生会館を見に行ったりもしたという。その後、康雄は国士舘大学へ入学。当時はスキーにはまっており、夏はアルバイト、冬はスキーという、キャンパスライフを存分に楽しんだ。ありふれた、普通の学生生活だった。

卒業というゴールが見えてきたある日、康雄は父に呼ばれた。就職はどうなっているのか、という話であった。正直、何も決めてはいない。すると父は、こう告げたのである。

「この家も、だいぶガタがきている。もし、お前が古本屋を継ぐ気があるなら、このまま建て替えようかと思う。お前にその気がないなら、新築してもしようがない。古本屋は一代限りで廃業するつもりだ。どうする」

冷静に「そうか」と思ったという。本は嫌いではなかった。そして、強制されずに自分の力でやっていけそうな「自営業」は合いそうだった。決心するまで、さほど時間はかからずに「継ぐよ」と答えた。無事卒業した昭和五五（一九八〇）年、康雄は古本屋になった。

古書市場への仕入れは、いつも一緒に行った。入札（出品されている本についた封筒に値を書いた紙を入れる）する父親の横について、値段を覚えていく。康雄も同時に入札をしていくことになるのだが、父の敏吉は、あまり口は出さなかった。自由にやればいい、と。当時、早稲田の古本屋は、新宿の三越前でワゴン販売の古本市をしていたころ、虹書店も参加していた。場所柄か、軽い読み物が売れる場所で、その品物は康雄が買っていた。父は店用の社会科学関係書を今まで通りに買う。そんな役割分担もできた。最期まで、この同行は続いたそうだ。

父の敏吉が亡くなったのは、平成元（一九八九）年である。この一年半ほど前、敏吉は病に倒れた。肝臓ガンだった。戦後にかかった結核治療時の輸血から、C型肝炎ウイルスに感染していたのが原因だった。つらかった戦後の日々が、身体を蝕んでいたのである。長い、闘病生活が続いて「昭和」が終わった年、永遠の眠りについた。

康雄は一人で市場へ行くようになった。父の手からされていた社会科学関係の本への入札を、自分の手でしている。もう、店主としての自分にも、不安はなくなっていた。父の棚を引き継いで、平成の虹書店は出航した。

かつて「にじの会」という集まりがあった。高円寺の古書市場、西部古書会館で、敏吉を長として働いていたメンバーが、任期終了後も集まろうと作った会だ。敏吉の人柄であろう。お金を積み立てて、旅行をしたりと楽しんだ。古本屋にして直木賞作家となった出久根達郎も、メンバーの一人である。そして、筆者の父である向井佑之輔もメンバーだ。そんな縁から、佑之輔は康雄の面倒をよく見、康雄は筆者・向井透史が古書市場で働き始めた時に、仕事の面倒を見た。つながり続ける人の縁。敏吉が古本屋という世界に描いた虹は、いまだ消えずに浮かんでいる。

生活のある棚——鶴本書店

組合の古書市場では、本をほとんど買わないという。

「この建物が改築された時に一〇〇円均一の店から、今でいう新古書店のようなスタイルに変えたんだよね。周りの店と違って軟らかい内容の一般家庭にあるような本を店に並べるようにして。BIGBOXでそういう本が売れていたから、店でもどうかなと思ったんだね。だから店頭ではなくて、むしろ自宅のある郊外で本を売ってくださいって頼んでまわって。電話帳に広告出したりね。マンガや雑誌なんかも本当によく買った。当時の早稲田では珍しがられたんだ」

兄から受け継いだ現在の鶴本書店。その仕入先は、いつも「家庭」なのだ。

創業者である鶴本憲治は、昭和二二（一九四七）年、兵庫県姫路市にて生まれた。大学は、早稲田である。中国文学を学んだ。卒業が近くなり就職をしようとするも、不況のせいか仕事はなかった。毎日ブラブラしながら途方にくれていると、友人の友人から「働かないか」と話があった。それは、ある小さな出版社だった。とにかく、選択肢はないのである。鶴本は「本を作る側」の人間として、社会生活をスタートさせることになった。

小さな会社であるから、編集だけではなく営業もした。そんなフル回転の毎日であったが、四年後、鶴本は退社することになる。正直、編集の仕事があまり好きではなかったこと、そしてなにより、「しかたなく」ではない、自分の意志で進路を決めたかった。さて、なにをするかと考える。金は、ない。部屋を見れば、本だけはたくさんあった。これを売るなら、とりあえず商品の元手はかからない。そんな気持ちから、古本屋への具体的な道のりが始まった。場所は土地勘のある早稲田に決めた。借りた店舗は、現店舗横にある小路を入ってすぐという場所である（その並びには以前、金峯堂書店があり、すぐ後に渥美書房が開店する一角だ）。廃材をもらってきて、自分で棚を作った。学生時に中文を勉強していたこともあり、アジア学関係書の専門店でやっていくことに決める。店名は、扱っているものをわかりやすく、中国語でアジアを意味する「亜洲」を使い亜洲書房とした。昭和五一（一九七六）年のことである。

しかし、アジア学関係書は売れなかった。昭和五三（一九七八）年に向かいの建物、現在の場所に移転したのを機に、アジア学関係は通販のみの取り扱いにして、店舗販売はやめることにした。そこで、新宿・思い出横丁付近にあった古本屋、天下堂書店に習って店内一〇〇円均一の店にした。店名も、自分の苗字を使ったシンプルな鶴本書店に変えることに。その後、それなりに売れてはいたが、やはり鶴本の気持ちは通販でのアジア学関係書販売にあった。店は誰かに譲り、自分は店舗なしの目録販売専門でやっていきたい。その「誰か」。鶴本には、弟がいた。

弟の正治《まさはる》は、二つ年下の昭和二四（一九四九）年生まれだ。小さいころから観光ガイドや地図、それから時刻表などを見るのが好きで、旅行にもよく行った。趣味が高じて、旅行会社へ就職した。国内旅行はもとより、国際部にも所属。たくさんの国へ添乗員として同行した。仕事と趣味を兼ねた、楽しい毎日だった。仕事を終えた夜、観光的ではない、あるがままの世界の街を楽しんだ。地元のルートを使ってチケットを入手したイヴ・モンタンやプレスリーのショーも忘れられないという。しかし八年後、転職することになった。偶然知り合った人物の誘いで、神奈川県川崎市に店を持つことにしたのである。バーと、隣りに雀荘を持った。当然、客の麻雀の相手もする。飲みながらの徹夜が続いた。この店は四年で人に譲ることになった。身体がもたなかったのである。結局、旅行部門に力を入れ始めたバス会社にスカウトされて旅行業界に戻った。役員待遇の責任者である。兄から話があったのは、そのころだ。「古本屋にならないか」という。兄の仕事とはいえ、古本についてはなにも知らなかった。「本」といえば新刊本が思い浮かぶ。早稲田に古本屋街があることさえ知らなかった。それでも、正治は古本屋になることにした。兄の誘いが熱心だったこと、そして体調に不安があったので、自分のペースでできそうな自営業もいいと思ったのだ。こうして正治は、鶴本書店の二代目となった。

本の相場などひとつもわからない。幸い鶴本書店は一〇〇円均一の店だった。このころは本が足りないこともあり、市場で本を買っていた。兄の助言通り、「なんでも一冊三〇円で値踏みして入札しろ。それなら損はしないから」を実践した。もちろん、その環境に満足していたわけではない。その後、高円寺の古書市場の手伝いを経験。たくさんの先輩に囲まれて、本の仕分け作業や開札作業で鍛えられた。二代目にとっては、市場が修行の場になることが多いのである。一冊一冊の、本の顔が見えるようになった。その後、店舗の入ったビルの改築があり、冒頭に書いたスタイルに変わった。敷居の低い品揃え、店内にかかるＢＧＭ、探求書を受け付けるノートの配置。今では当たり前のスタイルであるが、まさに「昭和」というような、当時の古本屋のイメージからは考えられない店舗ということで、テレビや新聞が取材に来た。大学というものを基点としたイメージが、早稲田の店にはある。突然現れたこの店は、各国のあるがままの街の風景を歩いて見てきた正治だからこそ見えた、「ただ暮らす人がいる」という、もうひとつのこの街の姿なのかもしれない。

住宅街である自宅周辺での買い取りに力を入れている、と書いたが、その役目は店主である正治ではなく、妻である裕子の役目である。古本市などでも、夫婦というよりは「仕事仲間」というようなやりとりが目に入る。「実際はさ、うちの店主は女房なんだよな」。棚の本たちが、二人の子供のようにクスリと笑ったように見えた。

第四章　古本市、はじまる

早稲田系古本市の源流――新宿古本まつり

昭和四六（一九七一）年一二月一日。早稲田古本屋街を含む東京古書組合新宿支部は「古本市」という道を歩き始めた。まだ一般客が気軽に来られる古本市が少ない時代。高田馬場駅前にBIGBOXが後に建つ場所にあった高田馬場駅前広場。その場所で、一回かぎりの「新宿古本まつり」は開催された。

早稲田に店舗が増え始める昭和四〇年代。増え続けて、顧客の奪い合いになるのではとの不安。新世代の上昇志向。そして神田のような認知度がないという苛立ち。そんな各々の思いが、この日ひとつになって進み始める。

「初めて」を乗り越えて大成功に終わり、その後、数々の古本市に繋がっていく「早稲田系古本市の源流」ともいうべきこの古本市を、関係者の証言によって振り返る。

大久保清事件、三里塚闘争、新宿でのツリー爆破事件がおきた年。前年には三島事件。翌年には、あさま山荘事件、日本列島改造論が控える。昭和四六年とは、そんな年である。

古本まつりへの道

五十嵐智（五十嵐書店）
安藤彰彦（安藤書店）
聞き手　向井透史（古書現世）

——今日は、昭和四六年に現在ＢＩＧＢＯＸ[★1]の建つ場所にあった高田馬場駅前広場にて開催された、早稲田にとって初めての古本市「新宿古本まつり」について、当時最前線で交渉にあたっていた五十嵐さんにお話を伺います。当時の状況を補足してもらうために安藤さんにも同席していただきました。

五十嵐さん、当時はおいくつでしたか？

五十嵐　三〇代後半です。早稲田に移転して来る前は、神保町で営業していました。南海堂書店で修業した後、同じ神保町、現在の豊田書房さんが営業している場所で独立しまして。あの場所は南海堂で修業した者が本格的に独立する資金を貯える道場のような場所だったのです。その後、早稲田へ来ました。昭和四三（一九六八）年のことです。

——当時の早稲田は何軒ぐらいの古本屋がありましたか？

★1　ＢＩＧＢＯＸ　ＪＲ・西武新宿線・地下鉄東西線高田馬場駅前に建つ、象徴的存在の商業施設。西武鉄道が所有。昭和四九（一九七四）年オープン。レストラン、レジャー施設、ショッピングモール、多目的ホールなどがある。一階のコンコースでは、毎月、早稲田古本屋街の店が中心となる「古書感謝市」が開催されている（詳細二〇三頁）。高田馬場の、待ち合わせ場所の定番でもある。設計・黒川紀章。

五十嵐　確か、僕で一五軒目でした。昭和四〇年代初めっていうのは、早稲田に店が増えてきた時期なんです。

――そのころバリバリでやっていた方は……。

五十嵐　それはもう早稲田の三羽烏の時代ですね。

安藤　三楽書房の佐藤さん、文英堂書店の吉原さん、二朗書房先代の日野原さんのことを三羽烏って呼んでいたんだよ、みんなが。だからこの昭和四六（一九七一）年の古本まつりの時の新宿支部長★2は二朗さんでしょ。

――ああ、そうですね。その前の支部長が三楽さん。で、「古本まつり」の実行委員長が吉原さんですもんね。その上の世代の方々は？

五十嵐　そのころのご意見番は、今の稲光堂さんの親父さん、あとは鈴平書店★3さんなどですかね。

――それでは「新宿古本まつり」のことに入ります。調べてみると、やはりきっかけは支部の機関誌「新宿支部報★4」二〇号に掲載された座談会「若人大いに語る」（二〇〇頁に再録）だと思われますが。

五十嵐　あの座談会は当時、支部の機関誌部だった古瀬書店★5さんと西北書房さんの企画でした。支部に若手が増えてきたということで、今後の支部について話し合おうと。

★2　新宿支部長
東京古書組合新宿支部の代表のこと。任期は二年。選挙などがあるわけではなく、任期を終える支部長などの推薦等で決まる。東京古書組合は、ブロックごとに支部が分かれており、「神田」「新宿」「文京」「東部」「北部」「南部」「中央線」の七支部よりなる。新宿区内という括りからなる新宿支部は、さらにブロックごとに「新宿・市ヶ谷班」「落合班」「早稲田班」からなり、早稲田古本屋街は、「早稲田班」所属になる。

★3　鈴平書店
新宿の場外馬券場そばにあった古書店。店主・鈴木平八氏。神田の巌松堂書店勤務を経て、昭和二一（一九四六）年に鈴平書店を創業。昭和二八（一九五三）年から三五年の長きにわたり、新宿支部長を務めた。以前開

――三楽書房さんのビルの屋上で行なっていますね。昭和四五（一九七〇）年の八月二一日です。「古本まつり」開催の前年ですね。参加者は上の世代の方も入れて二八名です。若手側で、今も早稲田で営業してる人だと……五十嵐さん、関さん、安藤さん、三幸さん、浅川さん、照文堂さん、金峯堂さんぐらいですね。で、この座談会の「即売会について」の中で「宣伝のためにもやるべき」というような意見が目立ちますが、当時は普段から、このような話があったのでしょうか？

五十嵐　お茶の席なんかでは結構話していたんです。そのころは、今と違って一般の人が来るような古本市は少なかったからね。神田古本まつり[★6]はもう定番になっていました。それと東部支部（下町地区）が浅草の浅草寺で青空展[★7]をやってたんです。マニア層以外の一般客を動員して。これが当たったんですね。

　この催事がね、近くの台東区産業会館での浅草古書展[★8]にもつながるんです。

安藤　俺も行ったよ。一万円持っていくと、バイクの後ろに本がめいっぱい乗る程に買えたんだよな。すごい人だったね。

五十嵐　だから、この浅草古書展のことなんかは、みんな頭にあったでしょうね。

――「新宿支部報」誌上で発言している人はごく一部ですが、全体的にやろうという雰囲気は……。

五十嵐　ありましたね。まぁ、いろいろな思惑はあったと思いますけど。

催されていた、新宿伊勢丹での「大古本市」の初代実行委員長でもある（詳細二〇八頁）。昭和六二（一九八七）年没。

★4　新宿支部報
東京古書組合新宿支部の機関誌。昭和三六（一九六一）年に創刊。当初は、わら半紙一枚の裏表を使った簡単なものであった。創刊号の編集を担当したのは、あの大宅壮一も重宝したという、新宿西口の天下堂書店店主・榊原謹一氏。その後、A5判の雑誌スタイルに。年二回、年一回と刊行間隔もどんどん広がり、現在は二年に一回。支部の役員任期満了にあわせて発行する。内容は、業界話、時事的なものから趣味の話、旅行記などが中心。新宿支部機関誌部が編集を担当する。部外秘。

★5　古瀬書店
四谷にあった古書店。店主・古瀬英一郎氏。江戸期からの老舗・加賀屋簞笥店に養子に入り、戦後、

――もう少し詳しく聞かせてください。

五十嵐　当時、僕なんかは思っていなかったけど、古くからやってきた人は「売上げが減ってきた」という実感があったと思います。お客さんの数は変わらないのに店舗数だけ増えていく。そういった不安です。一方、もっと売れていた時代を知らない若い人たちは「まだまだ売れるぞ」っていう期待感があったのですね。

――お客さんの数は変わらないということですが、当時の早稲田古本屋街の認知度はやはりなかったのでしょうか？

五十嵐　早稲田にたくさん古本屋があるというのを知っているのは、早稲田の学生と同業者くらいだったんじゃないでしょうか。あとは近隣の大学の学生さんくらいで。だからほかのお客さんを呼ぶPRをって、それも大きな目的だったんです。とにかく分母を増やさねばというね、それは世代に関係なく共通の思いでした。だからみんな思いはそれぞれなんだけど、同じ方向に向かっていく確認をね、この座談会で初めてできたんじゃないでしょうか。

――この時は、なにか具体的な決定事項はありましたか？

五十嵐　いや、「やる方向で」ぐらいで終わって。なんだかんだで店も売れているし、売れるけど本がない時代でしたから。お店との両立が難しいとの意見もあったし、まだ夢でしたね。

区画整理で移転縮小するまでは、一階で古書、二階で家具を売るスタイルだった。平成八（一九九六）年没。

★6　神田古本まつり　「世界一の古書店街」と呼ばれる神保町最大のイベント。毎年一〇月後半から一一月頭にかけて開催される。昭和三五（一九六〇）年、神保町交差点角の岩波書店用地にて第一回を開催。その後、駿河台下の錦華公園に会場を移したりした後、現在の岩波会場、三省堂書店会場というスタイルになった。平成一八（二〇〇六）年には、第四七回を迎える。

★7　浅草寺で青空展　浅草寺境内で開催されていた古本市。第一回は昭和四四（一九六九）年。たくさんの一般客で賑わい、成功を収めた。

★8　浅草古書展　前述の浅草寺での市が梅雨時であることから、屋

——少し話はそれますが、当時の「売れていた」という時代のことをもう少し聞きたいと思います。当時の仕入れ、生活などを交えて聞かせてください。

五十嵐　やっぱり、学生さんが買いましたからね。今なんかは、ほとんどないですけど、よく学生さんの下宿まで本を買いに行きましたね。本棚だって必ず二、三本はありましたから。カタい本ばかりでしょう。ホント儲かったんですね、学生さんの本で。

安藤　今みたいに大学入って引っ越してきたら、テレビやＤＶＤ、エアコンを買うんじゃなくて、まず本棚。で、すぐに買うのは和辻哲郎、三木清、西田幾多郎だったんだから。

五十嵐　ある学生さんが「おじさん、この本取っておいて」ってあずけてね。お金ないから、地下鉄の穴掘りのバイトを徹夜でしてきて。地下鉄網ができてきたころで、お金もよかったんですね。で、汗水流したそのお金が全部本に消えていく。そういう学生さんがいっぱいいいましたね。

——市場での仕入れは？

五十嵐　とにかく本がないんです。売れるんだけど本がない。今と逆です。売るのは簡単、仕入れは困難。だからいろいろな市場行きましたね。岩波書店の本なんか高かったですからねぇ。千円の本で例えるなら、八五〇円で買って九〇〇円で売る

内での開催を模索。すぐ近くの台東区産業会館にて開催できることになり発足。第一回は昭和四五（一九七〇）年。東京古書会館で開催されている「下町古書展」の前身。

みたいな感じでしたからね。当時は振り市★9がほとんどだったですから。一瞬で定価から掛け値を計算しないといけないんだね。みんな頭に入ってるみたいなんです、定価が。もう、本を出された瞬間に決まっちゃうから買えなかったですね。

——本の値付けはいつするんですか。

五十嵐　夜ですね。朝、市場に行って終わったら今度はセドリ★10ですから。帰ってきてようやく値付け。よく働きましたね。店主が店にいることなんかほとんどなかったですから。

安藤　早稲田は本さえあれば金になる土地だっていわれてたんだよ。昭和四五（一九七〇）年の三島事件少し前の初版ブームでも、早稲田の人たちは儲けたでしょう。それに、あのころはほとんどの店に理工書が置いてあったもんな。だから、なんだかわからなくても置いておけば売れたんだよなぁ。

五十嵐　仕入れから帰ってくると、本が全部寝てるんですよ。売れているから横倒しになってるんです。で、棚に本入れてまた仕入れ。で、帰ってくるとまた同じことの繰り返し。アンチョコ本も売れましたから、教科書の解答集みたいなのが。新刊を入れてたんですけど、とにかく売れるんで日に三回は神保町の取次に取りに行きました。帰ってくる度にガタガタなんですから。

安藤　セドリもすごいよね、早稲田でささっと買ってその足で市場へ行ってそのま

★9　振り市
古書市場での売買方法のひとつ。いわゆるオークション形式のことである。仕切る人間は「振り手」と呼ばれ、出品された本を説明しながら、囲んだ古本屋が次から次へと「二〇〇〇円！」「二五〇〇！」と声をあげる場をまとめあげ、最高値を口にした店主へ本を渡すのである。しかしながら、時間がかかることもあり、現在は、出品される本に付けられた封筒に、欲しい金額を入れて、最高値を入れた店主が落札できる入札制が主流である。

★10　セドリ
他の古書店や古本市などで、自分の店ならもっと高く売れる本を買う仕入れの一方法。最近は、本業の古本屋の行為としてではなく、副業として、ネット古書店としての販売や、古書販売サイトなどでの売却を目的とする人たちが、新古書店など

ま売って儲けてる人とか。

五十嵐　まぁ、こんな状況なんですけど、早稲田も時代の変わり目でしたから、さっきいったいろいろな思惑もあったんですね。売れているんだけど、将来に対する不安というのかな。

――それでは、開催へ向けての交渉などの話を伺おうかと思います。座談会後、話が再燃したのはいつごろですか。

五十嵐　昭和四六（一九七一）年の夏ごろですね。結構いろいろなところから待望論が出てきたんです。そう、夏にね、二朗さんに誘われて、さっき話に出た浅草の古本市に行ったんです。この時もすごい人だった。二朗さんも、昨年の座談会のことが気になっていたんでしょうね。帰りの電車で「自分たちもできないか」って随分話したんです。支部長の任期も終わりに近づいていたころです。そういうこともあって、やってみたいって気持ちが強くなったんだと思いますね。その後、新宿支部の三役で「やろう」って決めたみたいです。

――当時の三役は支部長が二朗さんで……。

安藤　副支部長が書肆井上の井上さん、尚文堂書店の森田さん、それから虹さん（先代の清水敏吉氏・古本まつりでは経理部長に）だね。二朗さんを含めて、みんな亡くなっているんだなぁ。時代を感じるよなぁ。

から仕入れる行為、という方が一般的なのかもしれない。

――五十嵐さんが直接かかわりだしたのは？

五十嵐　結局、会場問題なんですね。まず、どこでやるのかって話があって。高田馬場駅前に空き地があるけど、どうなんだって話がでたのです。三役がさっそく土地の持ち主を調べてね。どうも西武鉄道さんの土地らしいと。それで交渉が始まるんですけど、二朗さんたちが「一緒に来て欲しい」といってくれて交渉に同行することになったんですね。

――五十嵐さんの、当時の年齢を考えると大抜擢ですよね。

五十嵐　やっぱり神田の「青空」を経験していたからでしょうね。南海堂の番頭時代に参加していたので。なにしろ初めてだから、少しでも経験のあるものが欲しかったんでしょう。平野書店さんも東部支部にいたころ、浅草の古本市に参加していたから、いろいろ聞かれていたんじゃないですかね。

今思い出すと笑っちゃうんですけど、最初、西武高田馬場駅の駅長さんのとこにお願いに行っちゃったんです（笑）。「俺にいわれても」みたいな感じであしらわれてね。当たり前なんですけど。

――さすがに次は西武鉄道の本社へ……。

五十嵐　二朗さん、井上さんと行ったんですけど、突然の話だし、今みたいにいろいろなところで古本市やって、結果が出ている時代じゃなかったですから。数回行ったけど、話を上げてもらえる気配はありませんでしたね。

――今の若手だと、ここで終わってしまいそうですが、もちろん続くわけですね。

五十嵐　そうしたら井上さんが「やっぱり政治的なものがないと駄目なのかなぁ」って言い出して。で、どうも都議会議員の小野田増太郎さんという方が西武さんとつながりがあるということを聞いてきたのです。もう駄目でもともと、行こうじゃないかってことになったんですね。

――それにも、五十嵐さんは同行されましたか。

五十嵐　最初は二朗さんたちだけでしたね。僕は、途中から参加しました。落合のほうに御自宅があったんですけど、そこに伺って。こちらの主旨を説明したら「即答はできないが、話はわかった」ということでした。その時は、好感触でしたよ。

――小野田さんの御自宅へは、この時だけですか？

五十嵐　いや、三回ぐらいは行きましたね。先生は「まあ大丈夫」みたいなことを言ってくれるようになってはいたんですけど。西武さんからはなかなか許可がでなかった。

――これ、九月初めくらいですよね。当時の録事を見ると、九月二七日には支部役員会で開催の承認。一〇月六日には第一回の説明会が行なわれています。もちろん、一二月一日からですから、これでも遅いくらいです。土地使用の許可がおりなかった場合などの代案はあったのですか？

五十嵐　いや、ありません。もう小野田先生の言葉を信じるしかない感じだったので。二朗さんは気が気じゃなかったと思いますけど。

――正式許可がおりるのが一〇月二〇日です。でも一三日にはすでに西武鉄道側の立会いのもとに会場設営の検討をしていますが。

五十嵐　そのころには「正式書類での契約がまだ」という感じだったんでしょうね。でもまだ緊張感はありましたよ。なにがおこるかわからないですから。

――許可がおりた日は……。

五十嵐　すぐに二朗さんから連絡があって。それはもう、すごい喜びようでしたよ。小野田先生にもすぐ報告してね。

――次の日には区の後援許可がおりてます。

安藤　それは三楽書房さんが、富田さんという区議さんを通じて区役所に申請していたんです。区が後援ということで会期の少し前に区報に載せてくれたりしたんですね。

――宣伝などは？

五十嵐　ポスターとかチラシとかあったんだろうなぁ。今思い出したけどそうだ、宣伝で紀田さんに随分お世話になったんですよ。

――えっ、紀田さんて、紀田順一郎[★11]さんですか？

五十嵐　そうそう。神田で営業していたころからの知り合いです。誰かがね、「宣伝で一番いいのは第三者に書いてもらうのがいい」って聞いたのです。それなら紀田さんにお願いできないかと連絡したんですね。

当時、紀田さんは確か「週刊新潮」だったと思いますけど、書評をやっておられてね。本を選びに新潮社へ来るわけです。では、その時に会いましょうってことになって。新潮社の応接間で会ったんですね。一緒に行ったのは、たぶん二朗さんと吉原さんだと記憶していますが。それで主旨を説明したら、紀田さんが「わかりました」と言ってくださって。発表媒体がなにかは忘れてしまいましたけど、書いてくださって。これが、すごい反響があったんです。ホント助かりました。

――いざという時は、やっぱり人とのつながりなんですね。

いよいよ開催についてです。会場の設営はどのようになっていたのでしょうか。

五十嵐　会場の設営は「かぶき屋」という、お祭りの設営をやるような人たちに頼みました。虹書店さんを通して下町地区の東部支部の人に紹介してもらったんです、確か。これの細かい交渉も経理部がやったので、僕と虹さんで予算をみて、できること決めて。

――写真を見ると、入口にゲートのようなものがありますが、これは今だとどのあ

★11　紀田順一郎　一九三五年生まれ。書物論、読書論や近代史などを中心に、幅広く評論。『幻書辞典』をはじめとした作品により、ミステリ作家としても活躍。著書に『古書街を歩く』、『日本の書物』、『東京の下層社会』など多数。「紀田順一郎のIT書斎」http://www.kibicity.ne.jp/~j-kida/

たりになりますか。

五十嵐　芳林堂書店が入ってるビルの横に喫茶店のボストン★12があったでしょう。当時は、まわりにビルなんてなかったですけど。あの向かいぐらいにゲート作って。初日には、くす玉割りもやりました。テープカットも。

――万国旗も見えますが。

五十嵐　あぁ、あの万国旗は確かどこかで貰ってきたんだったなぁ。雰囲気でましたね、あれで。あと、ブロック塀には紅白幕かけて。本の台には、白いシートかけて。

安藤　あのころじゃ、それぐらいが最高級だね（笑）。

――この時は、今と同じで値段は値札★13の糊付けですか？

五十嵐　今の値札に番号ふってあるでしょ。店番号★14。うちだったら「18」。安藤さんだったら「16」。あれを始めたのがこの時なんです。番号を抽選して。みんなの分をハンコで作って、各自、紙にスタンプして値札にしたんです。

――あぁ、この時だったんですか。先日、新井書店さんの札に、このハンコ値札が使われてて「まだ使ってるのかよ！」ってみんなに言われていましたよ。

安藤　俺なんかとっくに捨てたよ（笑）。

――初日の風景はどうでしたか。

★12　芳林堂が入っている～喫茶店のボストンがあった場所は、現在、「ちけっとぴあ」などが入った商業ビルに変わっている。このビルの向かい、BIGBOXの横側の出入口（コンコースに通じている方）あたりにゲートを建てたそうだ。

★13　値札　本に貼り付ける値段の書いてある札。新古書店では、裏表紙のバーコードあたりにシールを貼り付けているが、いわゆる「古本市」などでは、裏表紙を開いた見返し部分に、この値札を貼り付けるのが主流である。本が売れると、ミシン目を切り離し、本には値段の書いた上札がそのまま残るようになっている。そして、切り離した方の札で業者は計算作業をする。文中には「ハンコ」とあるが、現在は全員が印刷である。

五十嵐　いや、くす玉割れてテープカットした瞬間、一気に人が入ってきて会場を埋めつくしてね。ただ、僕も会場のことはあまり憶えてないんです。

――えっ、どうしてですか。

五十嵐　いや、経理部だったので。駅前の東京信用金庫の一室を借りてね、ずっと計算していたので。もう次から次へと売れた値札が持ち込まれるんですね。五日間ほとんど外に出られない状態でした。

――いやぁ、売れたんですねぇ。では、安藤さんに聞いたほうがよさそうですね。どうでしょうか。

安藤　いや、会計前にずうっと行列ができていてね。お客さんも買う本が一冊二冊じゃないんだよ。みんな本を何十冊も抱えて、そういう人が行列作ってる。で、もう間に合わないから、計算して上下に紙あてて紐で縛って「ありがとうございます」ってね、業者が古本市に持ち込む時みたいな縛りでお客さんに持って帰ってもらったんだ。

五十嵐　いや、みんな人手足りないって、みんな家族総動員でしたからね。

安藤　そうそう、憶えてるのが西沢さん（文省堂書店）の奥さんが着物姿で手伝いに来ててね。ほんと、古本屋の中じゃ「掃き溜めに鶴」だって思ったよ（笑）。

五十嵐　でも、本も安かったね。三〇円、五〇円、八〇円、一〇〇円なんて札だっ

★14　店番号
各自に割り振られた持ち番号。番号制は今も生きており、備品などにも、自分の持ち番号を書いておけば、新宿支部内ではすぐに誰のものだかわかるようになっている。筆者でいえば、いちいち「古書現世」と書かずとも、「5」と書いておいておけばいいというわけだ。たまに囚人のように、番号で呼び出されることもある。「お～い、5番」というように。

たからね。

――「新宿支部報」に西北書房さんが書いています。帳場に立ったまま差し入れのおにぎり、サンドイッチを食べたとあります。これ、休憩は……。

五十嵐　憶えてないいんだよなぁ。本の追加もどうしていたのか……。不思議なんですけど。

安藤　俺も憶えてないねぇ。

――休みなしってありえますかね……。まぁ、とにかく大成功だったわけですね。

五十嵐　そうですね。みんな満足だったと思います。このころ、早稲田の長老だった長田初太郎さんというね、大学正門のそばにあった日東堂という古本屋の創業者なんですけどね。いやぁ、連日ずーっと会場を見ていて。明治生まれの方ですよ。ものすごい人垣を、じっと見ていたのが印象的でしたね。

――ああ、長田初太郎さん。今回調べていて、長田さんのエピソードは面白かったですね。大正初期に開業されて。その前から竹久夢二の家に出入りしていたとかで、息子さんの竹久虹之介さんのおしめを取り替えたなんて話もありました。近松秋江なんかも店に出入りしていたみたいですね。

五十嵐　ずいぶん年をとられてから絵を描きだされて。個展まで開いたんだよ。古書会館に長田さんの絵が飾ってあったなぁ。どうしたのかな、あれは。

――どんな気持ちで見ていたんでしょうねぇ。長田初太郎さんは、翌昭和四七（一九七二）年一月、七九歳の生涯を閉じられています。

――最後に。早稲田にとってこの古本まつりとは。

五十嵐　本当の意味で新宿の、そして早稲田の古本市のスタートですからね。この時の西武さんとの関係が、翌年の池袋西武百貨店での古本市につながり、現在のBIGBOX（西武グループ）の古書感謝市へと続くんだからね。池袋西武での経験が同じ年の新宿伊勢丹での大古本市（後に同人制★15となるが、発足当初は新宿支部主催）へと続いていくんだよね。

――そして穴八幡宮での早稲田青空古本祭へと続くんですね。

五十嵐　精神的なものを受け継いだのが早稲田青空古本祭だからね。今も続く「みんなで一丸になってなにかをやる」っていう早稲田スタイルが生まれたのがこの昭和四六（一九七一）年の新宿古本まつりだったんじゃないでしょうか。

――今日は長い時間ありがとうございました。

★15　同人制
ほとんどの古本市は、人数に余裕がある限り、組合における所属場所などは関係しない個人的なつながりで加入が認められる「同人制」である。それに対して、早稲田系の古本市は新宿支部所属でないと参加できないものがほとんどである。BIGBOXは「新宿支部所属」が条件。早稲田青空古本祭は「新宿支部早稲田班所属」が条件である。人数に余裕のないBIGBOXはともかく、早稲田青空古本祭は一時的に参加者が減少した時期があり、現在は早稲田班の所属店舗以外の参加者もある。ただし、催事には早稲田班の積み立て金が使われているために、所属外の書店からは別途参加金を徴収している。

実行委員長に聞く

吉原三郎（文英堂書店）
聞き手　向井透史（古書現世）

――参加者の方にいろいろ聞いてみたのですが、憶えてないという事柄も多く、あらためて三〇年という歳月の重みを感じています。そこで、やはり実行委員長であった吉原さんに今日はわからないことを全部聞いてみようということで。よろしくお願いします。まず、実行委員長を受けられた経緯は？

吉原　ある日、新宿支部の三役の方から話があるといわれまして。支部長の二朗さん、副支部長の井上さん（書肆井上）、森田さん（尚文堂書店）、虹さんと喫茶店だったかと思いますが、そこで話しまして。今度「古本まつり」をやることになった。近いうちに説明会があり、そこで実行委員の取り決めがあるので実行委員長を受けて欲しいという話がでました。力になれることがあればとお引き受けしました。九月の終わりぐらいでしたか。

――そうですね。実行委員会を選出した説明報告会が行なわれたのが一〇月六日ですからね。それにしても初めてなのに準備期間が短いですよね。この段階で二ヶ月を切っています。用地などの許可等、三役の方たちはすでにその前から交渉で動いているとはいえ、用地の使用許可がおりてからは一ヶ月です。

吉原　そうですね。二朗さんの支部長の任期があと半年ぐらいだってことで、最後にやりたいという執念みたいなものだったかもしれません。とにかく準備期間が少ないということで、私はこの報告会の時、参加者にお願いをしたわけなんです。「参加者全員が実行委員のつもりで、思いついたことは話し合ってください」と。細かいことなんですが、非常に役に立ったんです。みんなで乗り切らなくてはいけないという。古本市の経験がある人は運営面や、細かい作業について考えてくれました。ある人は、夜の警備についてあれこれ考えてくれました。各自の思いが議論となり、人の和につながったと思います。それが短い準備期間で成功に導くことができた要因なのではないですか。

――参加者一覧が実は残ってないのです。三三軒参加という数だけ残っています。集合写真でしか確認できないのですが、比較的若手が少ない気がします。一年前の「座談会」などの経緯からすると、意外に思うのですが。

吉原　昭和四〇（一九六五）年から五〇（一九七五）年の間は、早稲田の古本屋が一番増えた時期なんです。神田で修業した人が独立して新規開店したり、他地区よりの移転など、若い人たちが増えてきたのがこの時期です。若い参加者が少ないというのは、当時の事情もあるのではないでしょうか。まず人手の問題です。まだ、お店が売れている時期ですから、参加によって店を休まなければならないという人もいたでしょう。結果が出るかわからない場所に店を休んでまでは参加できないでしょうしね。それからやはり品物不足ですね。当時は本が豊かな時代じゃなかった。豊かになるのは昭和五〇年代に入ってからです。お店の本を補充するだけでも大変だった時代です。お店の他でも本を売るということに「足りるのか」という不安もあったのではないでしょうか。

——「結果が出るかわからない」との言葉がありましたが、やはり売上げに関しては心配はありましたか。実際「あまり期待はしてなかった」という方もいましたが。

吉原　全然ないとはいいませんが、場所がいいし、ある程度は売れると思ってはいました。あそこまで売れるとは思いませんでしたが。それより心配は雨でした。雨だけは本当に心配だったんです。

——雨の話がでましたのでお聞きします。実は僕も気になっていたんです。テントももちろんないですし、雨の対策はどうだったのかなと。ただ、今の段階だと憶えてる人はいません。結果的に全日快晴だったということもあると思いますが。そのあたりはどうでしょうか。

吉原　今みたいに、いい物ではないかもしれませんが、ビニールシートは用意しました。雨の対策については神田の青空市に参加されていた、神田の小宮山書店さんや高山本店さんにアドバイスをいただいたのです。みんな憶えてないですか（笑）。夜は、このシートをかけて帰るのです。毎日心配でね。夜中に目が覚めるんです。それで夜空を眺めたりしてね。この時に作った値札の番号も、神田の方々にアドバイスいただいたんです。

――値札に押す店名と店番号のハンコを作ったという話は五十嵐さんに聞きました。店番号のアドバイスというのはどのようなものだったのですか？

吉原　値札分けする際に、漢字の店名だと分けづらいから番号で店舗分けする方が楽だということでね。値段のシールに番号入ってるでしょ。抽選で番号決めて。三三軒参加だから、番号でいうと1から33番までの番号の人が、この古本まつりに参加した可能性のある人ですよ。1番が金峯堂さんで、33番が西沢さん（文省堂書店）。その後、廃業した人の番号を後から入った人にあげたりしてるから解りづらくはなってますけどね。翌年の池袋の西武百貨店の古本市の時に今度は50番まで作ったんです。今の値札の番号というのはそういうことなんです。

――知りませんでした（笑）。うちは5番ですが、当時、父は五十嵐さんの店員でしたから、どなたかからいただいたのですね。

それでは質問を続けます。ストック置き場のようなものはありましたか。これも憶えてる人がいないのです。

吉原　なかったですね。これも雨に関係あるんですけども。あそこ、今でも横の道を見るとわかりますが坂になってるんですね。雨なんか降ったらどんどん流れてくるんです。ですからなるべく余分な本は置いておかないように。なくなってからマメに補充する[★16]ようにしていましたね。休憩時間などに。

――あっ、休憩時間ありましたか。聞くとみなさん「休んだ記憶がない」といっていましたが。

吉原　ありますよ（笑）。でもとにかく売れましたからね。休み時間は本の追加や棚直しなどで終わっちゃうから。そういう意味では休みなしですね。

――休憩や仕事のシフトなどは？

吉原　確かいくつかの班にわけて、何時間かやったら休みだったとは思いますけども。[★17]

――少し戻らせていただきます。会期前なのですが、ポスターなどの宣伝物について少しお聞かせください。

吉原　宣伝部の部長は西北書房さんでした。で、そういう宣伝物を製作する、確か「文協」さんといいましたか。西北さんと交渉に行きまして。結局まぁ、だいたいおまかせで作っていただきまして。各店に貼ってもらいました。街頭にも許可を取りまして、板にポスターを貼ってそれを電柱のようなところに縛って取り付けたり

★16　マメに補充
早稲田系の古本市は、会場が店に近いため、休憩時間に追加本を取りに行けるのだ。値札を貼った糊が乾かないうちに棚に並ぶことも。自転車で追加を持ってこられる距離のために、店主には「新ネタは、マニアが集まる初日の朝」という常識にこだわらない者が多い。

★17　何時間かやったら休みだったとは思いますけども
その後調べた結果、四班編成の三勤務交代だと判明。帳場、会場整理、経理、もう一班が休憩という陣容だった。話の通りならば、実質には、帳場、会場整理、経理、本の追加という仕事順だったことになる。皆、若かったということだ。

もしました。高田馬場の商店街にも協力してもらえるよう挨拶に行きましたね。

――あと、録事の記述でわからないところがあるのですが、初日の前の日です。電気のトラブルかなにかで、井上さんから区議さんに頼んで電気会社と交渉というものがあるのですが、これは？

吉原　いや、いざ灯りを点けたら暗くってね。これじゃ困るっていうんだけど、今さらって感じでしたから。それで井上さんに頼んでね、井上さんが後援していた北川さんという区議の方にお願いして裸電球かなんかつけてもらったんだね。それと音響の設備も入れてもらったんです。これで呼び込み案内などをしました。

――そのほか、なにか思い出すことがあればお聞かせください。

吉原　そういえば、今も神田で新本の特価本卸しをやっている魚住書店さんもやってたねぇ。会場で特価本売ってたな。みんなよりベニヤ板一枚分多くやってたかな。

――一人あたりの本を並べる持ち場はどれくらいだったのですか。

吉原　一人ベニヤ板二枚分のスペースだったと思います。

――意外に少ないんですね。でもそれで売れていくんだからすごいですね。ほかにもなにかありますか。

吉原　トイレは西武の駅が貸してくれました。参加者はバッジの付いた帽子をかぶってるんです。それを見せれば改札を通してくれるんですね。

――みんな満足の大成功だったわけですね。

吉原　そうですね。本当に売れました。最後までまったく客足が落ちませんでしたから。誰かが「これならもう一日ぐらいやりたいな」なんていってましたね。それに対して「雨が降らないうちにやめようよ」なんていってね。

――これは「第一回」となっています。実際一回のみで終わっていますが、二回目の交渉などは。

吉原　はい、打診はしました。ですが、もうＢＩＧＢＯＸの建設が決まっていまして。この場所が使えないということであきらめました。

――最後になります。古本まつり前と後、早稲田古本屋街は変わりましたか？

吉原　まず、我々の世代と参加した若い世代の人たちの距離は縮まりました。ずっと一緒に仕事しましたから。それに、このころの早稲田というのは学生さんくらいしかお客さんがいなかったですからね。本当の意味で、ほかからお客さんが来てくれるようになるのはもう少し後、ＢＩＧＢＯＸが始まってからですが、そのＢＩＧＢＯＸをやらせていただくきっかけとなったのがこの古本まつりですから。このまつりを経て団結力が高まってよかったですね。

――どうもありがとうございました。

〔資料1〕

聞き書き　新宿古本まつり回想録

金峯堂書店　日野原一寿

兄の二朗書房は開催前に会場使用の為に都議会議員の小野田増太郎先生と交渉していました。最初の交渉だったかと思いますが、先生のご自宅が落合だったんですね。それで兄に「行くから車運転してくれ」と言われまして。兄たちを乗せて小野田先生の自宅まで行きましたね。途中で兄が自腹でウイスキーを買っていたのを憶えています。

古本まつりの会場はなんか段々畑みたいでした。みんな売れていたんですけど四谷の方にあった柏書店さんという人が洋書持ってきてたんです。これが飛ぶように売れていたのが印象的でした。あと日東堂の長田さん。なんか教科書ばかり会場に持ってきていて。みんな「売れないだろう」と思ってたんです。そしたらそれが売れに売れたんです。話題になっていましたね。

照文堂書店　伏黒三夫

まだ古本屋になってすぐだったんだねぇ。三楽さんの屋上の座談会も行ったんだけど、いるだけって感じでね。

で、会場やることになってね。経理部になったんです。虹さんが部長で。五十嵐さんとね。僕も古本屋継ぐ前は化粧品会社のデータ取りの仕事やっていたので、計算なんかも速かったので「伏黒君速いねー」なんて褒められたんです（笑）。とにかくどんどん値札伝票来るもんだから本の追加もできないんです。だから女房に追加してもらってました。

会場では岩波新書を売った記憶がありますね。五〇円とか八〇円とか。今考えると額が細かいねー（笑）。

西北書房　鈴木たま子

主人は宣伝のお仕事をやっていたようですね。会場も売れてましたねぇ。当時私は車を運転していたので、私が本の追加に行ったりしました。『レーニン全集』とか『サザエさん』などはすぐに売れてしまうんですね。あの頃本当に売れましたよ『レーニン全集』。一日に五セット売れた時もありましたよ。それで予約も入っている状態なんです。日曜日は車で、買ってくれた人の所へ『レーニン全集』をよく運びましたよ。今思うと嘘みたい（笑）。

この「古本まつり」が成功したせいか、主人や井上さんなんかでいろいろ小さい古本市みたいなものやってましたもんね。そうそう通産省の中でもやったんですよ、古本市。食堂が安いかなんかでその辺りの省庁の人が集まってくるんですって。古本買う行列ができてるんですって、通産省の中で。尚文堂の森田さんの奥さんが「通産省ってすごいわねー」って話していたのも懐かしいですね。

関書店　関恵二

自分の売り場、場所悪かったんだよ。なんか奥のつきあたりで。で、会期の途中で売り場がベニヤ板一枚開いたってんで、入札形式で競売したんだよ、売り場所を。で、なんとかいい場所が欲しいって思ったんで思い切って入札したんだけど全然金額届かなかったんだ。西沢さん（文省堂書店）が買ったんだよ。まいったよ。

それでしょうがないから本を取り替えなきゃ駄目かってさ、夜にね、本当は駄目なんだけど本追加に行ってさ、稲光堂と。で、なんとか警備員に頼み込んで入れてもらって本を入れ替えたよ。帰りに二人で一杯やってな（笑）。

虹書店　清水明子

父に言われてアルバイトしてました。とても寒かったのを憶えてます。たくさん煉炭を買い込んで来て会計所のあたりにいっぱい置いてました。

最終日には備品を入札で分けてました。ハサミだとか煉炭の残りなんかを欲しい人が入札で買うんです。

会場になった広場は地元の中学校なんかが遠足の時などに集合する場所でした。そのまま西武線に乗って行くんです。以前あの場所には商店街があったのですが、火事で一帯が燃えてしまい空き地になっていたのです。

喜楽書房　会田章

当時は子供が生まれて間もなくて、お店を閉めないと参加できなそうだってんで断ろうと思ったのですが、弟のいこい書房が独立したので。弟もあまり本がないっていうんで、じゃあ二人でやってみるかということになりまして。二人で一軒分ということでやりました。昼間会場へ行けないのでお店開ける前に会場へ行ってお手伝いして。

会場で憶えているのは新井書店の、親父さんの方ね、新井書店の「のぼり」なんか作って立ててましたよ。あとは日東堂の長田さんですねぇ。教科書持ってきたら売れてねえ。お店で残ってたものをどんどん持ってきて並べてましたね。それも売れて。本当に大喜びですよ。明治生まれの古い人でしたから。嬉しい光景だったでしょうね。

いこい書房　会田久

兄の喜楽書房と一緒に参加したよ。値札にもどっちがどっちの本かわかるように星印とかつけてね。まぁ、それにしても安い本ばかりだったね。三〇円てのがあったんだもんね。帳場でも計算が大変だったよ、細かいのがたくさん売れるから。あと？　あとはなんだかわからないけど煉炭がいっぱいあったのは憶えてるなぁ（笑）、それだけだなぁ。

古書現世　向井佑之輔

当時は五十嵐書店の店員をしてました。最終日近くになるともう追加できる本がないんだね。お店も売れているんだから。それでもう岩波の『日本古典文学大系』、外箱入りの大箱五箱をね、台の上に乗っけて場所埋めしたよ。

新井書店　新井久敏

その頃、俺はまだ勤め人だったよ。親父は会場に参加してたね。会社から帰ってくるともう暗くなっていて、電灯がともっていて綺麗だったのは憶えてる。とにかく会場が駅のホームから本当に良く見えるんだよ。今みたいにビルとかないし。「なにかやってる」ってすぐわかる。電車の窓から見て、来た人も多かったんじゃないかなぁ。

そうそう、その時誰かに頼まれてね「バイトいないか」って。それでブラブラしてる友達に声かけて人手足りない人の手伝いさせたりしたよ。本に興味ない奴だったんだけど「古本って売れるんだな」って驚いてたよ。それから当時、今でいうとBIGBOXの裏側に姉妹でやってる喫茶店があってね。「宣伝してやるよ」って新井書店の売場を使ってその店のマッチを配ったりしたなぁ。

平野書店　平野信一

私は早稲田に来る前は東部支部だったので浅草での古書市に参加していたのです。その時の経験を買われたのか会場で必要な備品の用意を頼まれました。包装紙や紐、手さげ、カッター、そして雨対策、夜間にかけるビニールなどを文省堂の西沢さんと中央区の問屋街である横山町まで買いにいきました。当時は近所じゃ調達できませんでした。

会場にはチャリティーコーナーがありました。各自それぞれ安価で品物を出品することになったのですが西沢さんなどは当時は割高販売だった『広辞苑』を数冊投入したりしてお客さんを喜ばせていました。

また、会期中食事に行った時なんですが。店の人が「今日ラジオの『街の話題』の中で東京の街の上空をヘリコプターで廻っていて、高田馬場駅そばで人だかりを見つけたと言っていたがなにかあったんですか?」と聞かれた、などと教えてくれたりしました。いろいろと宣伝効果もあったようですね。宣伝部だった西北書房さんは連日会場でマイクを握って呼び込みに奮闘しておりました。

あとは他の方も話しているとは思いますが日東堂書店の長田さんのことが印象にあります。息子さんに聞いたのですが参加することに対し親父さん（初太郎氏）は反対だったそうです。売れるわけがないと。いざ始まってみるとものすごく売れて。会場へ見に来てその盛況ぶりに驚き、自分の考え違いを反省したそうです。

〔資料2〕

座談会「若人大いに語る」

昭和四五（一九七〇）年八月二一日

三楽書房屋上にて

司会「ただ今K氏から、PRの方法として即売展はどうか、と云うお話も有りました処で即売会の可否についてお話を進めて参りたいと思います」

C氏「私、特別に考えてきませんでしたが、各支部を廻ってみまして痛切に感ずるのですが、神田では青空展と云うものが、最近では相当地盤もしっかりして参りまして、神田名物と成って居ります。その事が神田の宣伝にも成りまして全国の読書人に神田には非常に良い本が大量に有るんだと云う印象をあたえていると思います。又、その点で刺激されたのが東部支部なんです。

東部支部と云う処は戦前は本が売れた処なんですが戦後は本が売れませんで雑誌を売るのが専門化して参りましたが、最近東部支部の役員さん達も奮起致しまして、浅草寺に於いて即売会を始めてこれが、非常に当ったんです。そこで買いに来たお客さんが何と言ったか、古本と云うものはこんなに安いのかと云ったとの事です。本に対するPRが欠けていたと云う事を知らされたそうです。

吾々が一生懸命にやれば売れるんだと云う自信を持ったんだと思います。其の後、二回、三回と産業会館を借り受けて即売会をやっているんですが、いずれも大成功を収めております。

そう云った事から考えて参りますと、吾々の商売も良書を集めて置けばお客様が来てくれると云うのんびりとした時代は過ぎてしまい、今の様に非常にインフレで諸物価は上がって行く、購買力はベースアップや何かで付くんですけども大きな商店に取られてしまうんですね、本屋でない処に流れてしまうんです。吾々の購買力は上がらないし、日曜日などは、全店休業の形にしている吾々の処と五、六丁離れている新宿に行って見ると、人があふれる位歩いている。その人達も何を買おうかとウロウロしている。お金を持った人達が右往左往しているんですね、そう云った購買力を吾々のPRに依って何とか獲得出来るんじゃないかとそう云う風に僕なんか考えているんです。そのように考えて参りますと、第二次都心と云われている新宿などは相当に購買力を持っているし、又読書人の数も、かなり多いんじゃないかと思うんです。こうゆう優れたマーケットを目の前にしながら吾々は幸いにも四谷、落合、早稲田と云う近い処に、位置していると云う事は、他の地区（浅草など）より恵まれていると思いますし、本日の様に若い人達が多くなってきているんですから大いに原動力も備わってきている事でも有り、それを考えると一歩も二歩も出遅れている様に思います。新宿とか早稲田大学の何かを充分利用してPRして行けば、全国的とまでは行かなくとも全都内に位は、新宿区には、こんなにも本屋が有るのかと読書人に知って頂くならば吾々の前途は無限のものじゃないか、とそう思うんです。当分は本も相当に出回ると思いますので若い力を結集して、この問題を結実させたいものです」

司会「只今は進行的な御意見でしたが、具体的に方法論は別として即売展をやった方が良いか、どうかの点について皆様の御意見をお伺い致します」

C氏「即売会は私もやるべきだと思います。方法論にはいろいろ問題も有りますが、やる事になれば、私も大いにがんばりたいと思って居ります」

E氏「私もやらないよりは、やった方が良いと思います。やるからには、いろいろと犠牲がありますのでそれを覚悟してやらないといけないと思います。

　早稲田とか新宿支部の場合には、私などが思うのに、中途半端な様に思います。夏休みなんかはガタッと落ちるけれ共学校でも始まれば相当売れるんですね。それに、人手が足りない点等も充分考えてからでないと出来ないと思います。神田の場合でも店員さんの居る人がやっているんで、御主人が出かけられる条件みたいなものが有ると思うんです。そう云った点を考えてやるんなら大いにやった方が良いと思います」

司会「人手不足の点は、吾々業界だけでなく、他の業種に於いても深刻な問題であります。こうやって見て参りますと、御主人と奥さん二人きりでやっておられる方が多いようですので、この問題をどうにか解決出来れば即売会も大いにやった方が良いと云う御意見の様であります。尚此の点について御意見をどうぞ」

C氏「私もやった方が良いと思います。なぜだかと申しますと早稲田にこれ丈若い人がふえて来たんでは、今までの様に早稲田のお客さんだけではやっていけないんではないでしょうか。何か全国的なPRをして行かないといけない様に思います。やる場合は宣伝を中心にして利益を考えない気持ちでやれば、割合簡単にやれると思います。展覧開放式の帯書きをやめて、値段の伝票だけを本にはって均一みたいなやり方が良いと思います。

　やる時期は、何か公共性のあるものを利用したら良いと思います。例えば、早稲田大学のお祭りとか、また、新宿のお祭りなんかを利用してやれば効果が上がると思いますし、テレビ、新聞等も取り上げてくれて大いに良いと思います」

Y氏「端的に申しますと、先ほどのE氏の意見と同じです。早稲田が経済成長に追いつく為には先ず自分の店を大事にして、人手等の点も考えて自分の店が中途半端では困ると思うのです。即売会をやる事になりますと、エネルギーがその方に掛かるわけですから、お客さんが店へ来てみて、何だこの程度の店かと云う事にもなりかねないので、やるからには、そう云うことのない様に心掛けてやって行くのが第一条件だと思います」

M氏「あのーY氏の云われたのは、内容的に自分の店を良くしてからやれと云う事の様ですが、私は、お客様をよんでから良くして行くべきだと思います。お客様が来てくれなければ、内容を良くして行く事も出来ないと思うんです。早稲田の場合も、同業の方達だけが、早稲田にはたくさん本屋が有る事を知っていますが、一般のお客は、実際には知らないんじゃないかと思いますし、どなたかも言っておられた様に利益を考えずに新宿地区のPRに重点を置いて名物みたいなものを作っていくべきだと思います。

他地区でも即売会をやって実際に効果を上げている様ですので、何んとか実現させていきたいと考えております」

Y氏「M氏から御意見がありましたので、重ねて申し上げますが、現在の早稲田になるまでにはいろいろな道を通って来たんです。店を出せばその日から生活して行ける様に成った現在までには十五年位の日時がかかっているんです。今までにも話が出なかったわけでは有りませんでしたが、そのたびに行詰まりで実現しませんでした。今後は、やると云うのであれば若い皆さん方が主力となって行ってもらいたい、自分の器量だけは、わきまえてやって頂きたいと思います」

司会「早稲田地区の第一期から第二期に至るまでの経過についての御意見がありました。続いてどうぞ」

A氏「これだけ本屋がふえて来ておりますので、新宿あたりで即売会をやって宣伝をすれば大いに効果が有ると思います。やらないよりやった方が良いんじゃなくて大いにやるべきだと思います。新宿地区の発展のためにも必要条件だと思います」

司会「即売会をやる事になりますれば、これは又大変な御苦労でありますが、皆様の御協力が必要な事でも有りますし、方法其の他の点につきましては、又、処を改めてお話合をして行きたいと考えて居ります。今までのお話につきましては綜合的な見解をお聞かせください」

X氏「私の立場から申上げますと、一寸大きな事を申上げる様でありますが、全国的に人口一億と云う事でありますが、その人達をいかにふりむかせて吾々の商売を良くして行くかと云う事で皆さんから活潑な御意見が出ておりますが、即売会の事につきましてみても幾日間かの犠牲が吾々の将来におきまして大変な各自の利益につながると思います。先程からの御意見の仲には、やらないよりはやった方が良いと云う御意見が多いようですが、これは早稲田地区だけでなく新宿支部全体の問題でありますので、可能と云う事でありますれば、大いにやるべきだと思います。

古書店地図の点につきましても同じ様に新宿全体の立場からのものを是非作って行き度いと考えて居ります。いずれに致しましても各自の努力と云うものが基礎に成る事ですから、各自の御意見の一致した時こそ実行の段階だと思います。その時には非力ではありますが、政治的交渉、其の他の点につきましては一生懸命やりたいと思います。いずれに致しましても新宿地区のPRをして行く事は急務であり、又、今後の課題であると考えている次第です」

（新宿支部報二〇号・昭和四六〔一九七一〕年一月発行より「即売展について」の項のみを抜粋）

定着へ――ＢＩＧＢＯＸ古書感謝市

昭和四九（一九七四）年、高田馬場のシンボルが生まれた。西武スポーツプラザＢＩＧＢＯＸ。

昭和四六（一九七一）年の「新宿古本まつり」が開催された場所に、その建物は完成した。現在も規模は縮小したものの、毎月開催されている「古書感謝市」が平成一六（二〇〇四）年には三〇周年を迎えた。早稲田古本屋街の中心にまで成長した「古書感謝市」だが、創立当初は参加者集めにも苦労する古本市だったという。

この一年前には、池袋西武百貨店での古本市や、伊勢丹百貨店での大古本市が始まり、本格的に外で古本を売る時代が始まろうとしていた。このデパートでの古本市を経て、ＢＩＧＢＯＸへと至る本格的な早稲田古本屋街の古本市全盛時代の始まりを関係者の証言で振り返る。

昭和四九年。ルバング島で小野田少尉を発見。川上哲治の後を受け長島茂雄が巨人軍監督に就任など。

「古書感謝市」誕生

五十嵐智（五十嵐書店）
日野原一壽（金峯堂書店）
聞き手　向井透史（古書現世）

――今日は、現在も毎月開催されている、ＢＩＧＢＯＸでの古書感謝市についてお二人にお聞きしたいと思います。現在は、お二人ともこの催事には参加されていませんが、第一回当時の班長（現場の責任者）ということですね。班長就任の話は順を追って伺うといたしまして、まずはどのように話があったのかお聞かせください。

五十嵐　始まったのが昭和四九（一九七四）年ですね。初めての開催は秋だったと思うけど。

日野原　九月からだね。毎月、第一水曜日から土曜日までの四日間という日程でした、最初は。

五十嵐　今もあるけど、グランド坂の上に前野書店ていう新刊書店があるでしょう。関書店とか稲光堂がある角に。当時、前野さんは古書組合に籍があったんですね。この前野さんのとこにＢＩＧＢＯＸさんから話があったんです。

日野原　ＢＩＧ側の当時の責任者の人がね、この前野さんと大学の同級生だったのでね。それで話がきて。このBIGBOXが建つ場所が空き地だったころに古本市(昭和四六〔一九七一〕年の新宿古本まつり)をやった実績あったからね。その用地が西武さんの土地だったから。その関係でこの一年前には池袋の西武百貨店での「西武古本まつり」が始まっていたし、BIGBOXさんの方でも「やってみよう」と思ってくれたんだと思うんだね。

――では前野さんから新宿支部に話が来たわけですね。当時の支部の人事はどのようなメンバーだったのでしょうか。

五十嵐　支部長は吉原さん(文英堂書店)でしたね、話が来た時は。実際の開催時は次の役員なんですけど。七月末が任期満了ですから。

――BIGBOXのオープンが昭和四九年五月五日ですから比較的早い段階で話が来たわけですね。で、開催も迫る時期に役員が交代になるのですね。次の役員というのは?

日野原　支部長がね、天下堂書店★18の榊原さんになって。で、副支部長が僕と五十嵐君だったんだ。

五十嵐　だからね、副支部長になって最初の仕事がこの古書感謝市を発進させることだったんです。天下さんの店が新宿でしょう。そう頻繁に早稲田に来られないから、忙しい人だし。それでね「責任は俺が取るから。君たちに動いてもらいたい。

★18　天下堂書店　新宿西口「思い出横丁」のあたりで営業していた古書店。店主・榊原謹一氏。昭和二二(一九四七)年創業。昭和三〇年代には三〇円均一、五〇年代には二〇〇円均一で店をやるなど、雑本を廉価で販売することで知られた。著名人にもファンが多く、大宅壮一が通い詰めたことでも有名。とにかく大量に本を売るため、一時は、古書市場で買い手がつかない本があると、本人がいなくとも最低値で天下堂が落札ということにしていいというルールがあったとか。榊原謹一氏は平成八(一九九六)年に死去。営業は続いていたが、平成一六(二〇〇四)年に惜しまれつつも閉店した。

任せるから」といわれてね。

日野原　最初、話が来た時にノルマの金額が書いてあったんだけど、今までの感じからすると、かなり低い金額設定だったんですよ。これならクリアしていけるんじゃないかと。西武百貨店とか、伊勢丹での古本市も成功してたし、その勢いでやれる、と思って始めたんだけど……。

五十嵐　まさか人集めであれだけ苦労するとは思わなかったですよ。思い出すのも嫌になるんだよねぇ。

――人集めの噂はよく聞いたものです。調べていくと、この一年前に始まった池袋西武百貨店での西武古本まつりと新宿伊勢丹での大古本市、この二つはＢＩＧＢＯＸのあり方に影響し、影響されたという感じが強いんですね。人集めに関してもこれらの催事との兼ね合いがあったのだと思います。昭和四六（一九七一）年の新宿古本まつりとＢＩＧＢＯＸをつなぐものとして、これらの催事についても、ちょっと寄り道してお二人に伺おうと思います。まず、西武古本まつりからお願いします。

日野原　これは昭和四七（一九七二）年？

――そうですね。第一回は五月二六日～三一日の六日間ですね。

五十嵐　その年の最初にね、北部支部[★19]の方から話があったんです。新宿支部に。まず、新宿支部が前年の新宿古本まつりで西武さんとつながりがあったこと。そして、

★19　北部支部
東京古書組合北部支部。北区、豊島区、板橋区、練馬区の古書店が在籍する。支部の古書市場を開催する北部古書会館は、東武東上線・中板橋駅の近くにあるが、西部古書会館（高円寺）や、南部古書会館（五反田）のように、一般に開放する古書展などは開催されていない。

★20　目録
古書目録のこと。神保町、高円寺、五反田の古書会館で開催される目録は中綴じの簡単な目録が多い

古本市のノウハウが少しではあるけどあること。そういう面から、場所は北部にあたる西武百貨店ではあるけれど共催でやろうということになったんですね。

日野原　参加者も多かった。やっぱりデパートだしね。新宿支部からは実行委員長として西北さんが頑張っていましたね。

五十嵐　目録[★20]も発行しました。分厚い本のような目録を発行することが多いデパート展ですけど、この催事は今の古書会館の古本市がだしているような薄いやつね。あと、そうそう、これはだいぶ後だと思うけど、窓口がねリブロになったんだよ、新刊書店の。その時の店長があの古本屋になった人。

――あぁ、上野文庫[★21]さん。

五十嵐　そうそう。よく早稲田の店にも来てて。その時はすごく腰ひくいんだけど、現場ではなんかムスッとしながら指示だしてね。「立場があるから」なんていってたのも懐かしいね。

――第二回が、翌昭和四八（一九七三）年五月三日～九日で開催されてますね。ところがその後、資料の「新宿支部報」には記述がまったくありません。

日野原　その後も続いてはいるけどね。その次の年はね、小田急百貨店の催事があったりね、それからＢＩＧＢＯＸも始まる年だからね。それまでの支部という枠ははずれたんだろうね。同人的になったんじゃないかな。

が、デパート展などになると、分厚い背付きの「カタログ」になる。古本市の前に発行され（発行しない古本市もある）、全国のお客様から注文を受ける。たいていは抽選制で、当選者は、送付または会場で受け取ることができる。会場販売がある古本市でも、売り上げは目録次第ということも多々あるのだ。

★21　上野文庫
上野広小路、松坂屋の向かいにあった古書店。店主・中川道弘。新刊書店リブロ池袋店の店長から古書業界に転身。任侠、性風俗などアウトローの香りがする本がビッシリ並ぶマニア人気の高い店だった。古書市場ではなく、いわゆる「セドリ」で品揃えすることでも有名で、古書展で顔を見ない時はないと言われていた。著書に『古書まみれ』（弓立社）など多数。平成一五（二〇〇三）年、すい臓癌にて死去。享年六三。

――とりあえず先に進みます。同じ年、昭和四九（一九七四）年八月八日～一五日まで新宿の伊勢丹で大古本市が誕生します。この始まりはどうだったのでしょうか。

五十嵐　伊勢丹はね、鈴平書店さんからの話でしたね。鈴平さんが新宿のあのあたりの町会長をやっていて。で、伊勢丹側が鈴平さんの方に「古本市」をやらないかと話を持ち込んだんです。

日野原　それで鈴平さんが新宿支部に話を持って来て。このころは西武での古本まつりも経験していたし、是非やろうとなってね。だから最初はね、新宿支部主催だったんです、伊勢丹は。早稲田のお店もかなりやっていましたよ。新宿支部の人間が参加するための催事だったんだね。

――伊勢丹も立派な目録を出していましたけど、あれは最初からですか？

五十嵐　いや、あのスタイルはずうっと後。後発の京王百貨店での古本市がちゃんとした目録をだしてからですよ。それまでは紙を折りたたんだ一枚ものの目録でね。注文を受けるスタイルじゃなかった。出品目録みたいな感じでね。会場優先のスタイル。

日野原　西武もそうだし、伊勢丹も本当によく売れましたね。文英堂の吉原さんが支部長の時で、参加者も多かったしね。あと、このころの催事って搬出が楽だったの思い出すね。本が少ない時代だから追加とかしないんです。だから最終日なんて棚の上と平台に本がなくなって。目線のところぐらいしか本がないんだから縛るのもあっという間なの。追加しなくても売れたんだね。

――伊勢丹での大古本市は会社側の意向で平成一五（二〇〇三）年末の開催で終わりとなってしまいました。売上げが悪かったわけではないので残念ですよね。

五十嵐　そうだよね。立ち上げの時、こちら側も伊勢丹側もなんとか定着させようと真剣に議論してね、ああでもないこうでもないと仕事していた時を思いだすね。第一回の開催が終わった時なんか、古本屋も伊勢丹の人もお互い手をとりあうように喜んでいたものです。これも時の流れなのかね。

――伊勢丹は昭和六三（一九八八）年夏の新宿支部総会で「支部主催」から「同人制」へと変わりますね。

日野原　このころになると、参加書店の中に新宿支部がほとんどいなくなってしまっていたんです。

――その理由は？

五十嵐　それはＢＩＧＢＯＸが定着したからですね、やっぱり。同じくらい売れるのなら近くのほうがいいでしょう。本格的なＢＩＧＢＯＸ時代が昭和五〇年代に始まって、だんだん参加者が減少していき昭和六三年の同人制移行に辿りついたんだね。

日野原　この昭和四七（一九七二）年から始まった二つのデパート展で、いろいろと経験を積んで大成功をおさめながらもね、ＢＩＧＢＯＸが軌道にのると流れがそこに集約されていくというね。いろいろと変わっていくきっかけなんですね、このＢＩＧＢＯＸでの古書感謝市は。

――さて、それでは話を戻して古書感謝市の立ち上げ時の話をしていただきます。人集めの苦労の話でした。

五十嵐　一応、一五人ぐらいの参加者を見込んでいたんですけどね。とりあえず金峯さんと一軒一軒頼みに行ったんです。

日野原　反応悪くてね。

――その原因はなんでしょう。

五十嵐　まずは、まだお店の売上げがよかったこと。それから今と違って古本として流通している本が少なかったんですね。お店の本の補充だけでも大変なのに、外でなんかできないというね。今でこそ古本市というのは「足りない売上げを埋める」という感じだけどね。このころは、お店だけで充分という部分もあったんです。古本市をやるってことは、事業拡張だからこの時は。無理してやることないって感じで。

――その辺の事情は新宿古本まつりの時と同じですよね。本が少ないから若手が参加しづらいという。

日野原　そうですね。で、今度はそれに西武古本まつりと伊勢丹の大古本市があるわけです。これにはみんな参加してたからね。年一回と年二回だけど、当時としてはそれでも大変だったんだね。ましてや売れたでしょう、デパートが。だから「これ以上新しいのは……」というような感じで。

——先ほどの話では、BIGBOXの定着によって、西武、伊勢丹が新宿支部主催という枠からはずれていくと聞きました。それが、BIGBOX展の設立時には、逆に西武と伊勢丹の存在が障害になったというわけですね。

五十嵐　そうですね。それで、もう、しようがないから伊勢丹をやっていたベテラン勢に頼んでね。吉原さんなんかは、支部長の任期の後も周辺商店街などの挨拶も一緒にいってくれたりしてましたしね。

日野原　若手なんかもかなり無理してやってもらってね。脅迫とまではいわないですけど（笑）。当時は結構恨まれたでしょうね。そうして一二、三軒集まって、スタートしたわけです。

——僕も、最初の一階での開催時は記憶があるんですけど、もっと広かったですよね、今より。

五十嵐　そう、奥行きももっとあったからね。今、一〇〇円ショップが入ってる二階部分も増築ですから。天井も高かったんです。今は搬入なんか赤帽運送のピストン[★22]でしょ。あのころはでっかいトラックで一気に搬入できたんですね、天井が高かったから。

――スタートしてどうでしたか？

日野原　やっぱり売れましたよ。場所いいですもの。でも、メンバーが毎月固定じゃなくて、そのつど募集という形だったんですね、最初は。だいたいみんなやってくれたけど、責任者としては気が気じゃないんだよね。で、それだけじゃなくて五十嵐さんと交代に備品持ち帰ってね。包装紙とか、テープとかそういうものをね。

五十嵐　そうそう、六箱ぐらいあるんだ。まいったよ。今はＢＩＧＢＯＸに置いたままにできるでしょ。だけど僕たちの時は一回一回持ち帰っていて。一ヶ月、しょうがないから自宅の押し入れにしまってましたね。

日野原　取りに行ったら五十嵐さんが押し入れから出している最中で、待たされたこともあったよね。

――メンバーの心配がなくなったのはいつごろになりますか。

五十嵐　始まってから三、四ヶ月してからですね。古書感謝市としてね、安定して結果がでることがわかって。ようやくやる人が増えるんです。そうするといい方にことが流れるようになっていって。人数が、二六軒になったので班分けして。一三

★22　赤帽運送のピストン
通常、古本市の搬入搬出は、自分の車か、自分で頼んだ運送会社で行なう。しかしながらＢＩＧＢＯＸは同地区の本屋同士で開催しているために、一社の運送会社に、赤帽車一台、二軒分積めるバン一台を出してもらい、ピストン運送で本を搬入搬出する。かなり早いです。

軒ずつにしたんです。毎月やるんだけど、一店舗は隔月に参加という、今と同じスタイルにして。みんなの負担も減ったのです。とりあえず参加者を探すという我々の心労が減って助かったよね。やっぱり対人関係が大変ですから。

――開催期日はどのように変遷したのでしょうか。

日野原　最初が第一水曜から土曜日の四日間でしょ。その数年後に一日増えて第一水曜日から日曜日までの五日間になってね。さらにその後、第一月曜から土曜日の六日間になって。

――それが昭和六〇（一九八五）年ですね。この後、会場が六階に移ることになりますが、その時ずっとこの日程でしたから、お客さんも親しみのある日程でしょうね。現在は月ごとに違う日程で丸一週間の営業です。昔の一階での開催時の風景はどうでしたか？

五十嵐　あのころは机の下にも本並べたからね。ストックも並べて売っちゃう感じだったたから。だから普通に机の上の本を見ている人と、机の下をもぐって見ている人がひしめきあっていてね。勇気がないと本を買えない感じでしたしね。

日野原　そういえば、ほら、ある本屋が一回だけ全品一〇〇円均一やったじゃない。あれ、一〇〇万円くらい売れたんだよ、確か。一万冊だよ。

五十嵐　ＢＩＧＢＯＸの横に車止めてずっと一〇〇円のシール貼り続けてたね。でも一〇〇円じゃなくても、よく売れましたよ。昭和五〇年代も中ごろになると流通する本の量も増えてね。そのころがＢＩＧＢＯＸ展の最盛期だったんじゃないのかな。

――その後、昭和六二（一九八七）年になって一階、二階の改装のために六階、現在はゲームセンターになっている階での開催に変わりました。

日野原　たまたま、その階が空いていたんです。端っこが卓球場だったっけね。秋だったね、移ったのは。

――一〇月からですね。九日から一四日です。このころには、もう穴八幡での早稲田青空古本祭が始まっています。この時は、第二回の開催が終わってすぐですね。

五十嵐　六階にあがったら会場が広くなって、二つに別れていた班がひとつになったんです。このころには、本の量も心配するようなこともなかったし、毎月やるようになっても逆にみんな助かるようになっていてね。僕も、金峯さんも役目を終えた感もあってやめることにしたんです。やめても、初期の思いは忘れることないですね、大変な時期でした。

――今日はお忙しい中ありがとうございました。

六階以後

飯島治昭（三幸書房）
東正治（鶴本書店）
聞き手　向井透史（古書現世）

――先日、五十嵐さん、金峯堂さんに古書感謝市の始まりから六階にあがるまでの話を聞いてきました。お二人は六階での開催以降、早めにおやめになっているので、それ以降の話をお願いします。お二人とも、細かいことを憶えていそうだと思いまして、勝手に選ばせていただきました。よろしくお願いします。まず、お二人はいつから参加されているのですか。

飯島　僕は最初からだね。聞いたでしょ（笑）。断れなかったクチでね。

東　僕は六階にあがってから。昭和六三（一九八八）年かな。五十嵐さんたちと入れ替わりみたいな感じで。

――一階時代をご存知の三幸さんに少し振り返っていただきます。印象に残っていることをお聞かせください。

飯島　やっぱり棚の前に何層にも重なって見ているお客さんが印象的だだね。本当に売れてたもの。うちも漫画なんかたくさん出していてね。安いやつだけどね。早稲田は売上げの値札伝票を会期後に一斉に計算するでしょ。今でも売れた値札を積み重ねて高さとか競ったりするじゃない（笑）。それがね、漫画、文庫だけでね、長めのソロバン程の高さになって。あの薄い紙がだよ。忘れられないなぁ。

――先日聞いた一〇〇円の本が一万冊もすごかったけど、ソロバンもすごいですね。それでは六階に移るころの話をお願いします。

飯島　六階に移る時に数ヶ月休みがあったよね、改装かなんかで。

――そうですね。六階での第一回が昭和六二（一九八七）年の一〇月九日から一四日です。その前の八月と九月の開催が休みとなったようですね。

飯島　やっぱり不安があったんだよね、六階にあがるということに。一階の魅力っていうのは、やっぱり会社帰りの人たちなどが、たまたまでも見てくれるってことだからね。だけど上でやるとなると、なかなか一見《いちげん》さんが来てくれなくなるんじゃないかって。で、とにかく宣伝しなくちゃいけないっていうんで、この休みの期間にね、交代でビラ配りすることになったんだね。ＢＩＧＢＯＸさんが作ってくれたんだよ、ビラを。今の会場の横に西武新宿線の改札口があるでしょう。あそこでね、みんなで「古書感謝市」ってエプロンしてさ。結構な日数やったと思うよ。

――いざ始まってみてどうでしたか、六階は。

飯島　まず六階になって、今まで二班に別れて交代で開催していたのが合体して、全員毎月参加になったからね。会場が広くなったからね。六階にあがるのを契機にやめた人もいたけど、二〇数軒分の本を並べるんだから大変なわけ。毎月、早稲田青空古本祭やるようなもんだからね。

東　本を並べる前の準備が大変だったもんね。床板を傷めないように、あの広い空間にじゅうたん敷きつめるところから始めるんだもん。このころは第一月曜が初日って決まってたから、搬入が日曜日の昼過ぎからでね。夕方までかかったね。

――そうでした、そうでした。じゅうたん敷くだけで大仕事でしたねぇ。敷いたらガムテープで全部とめて。

飯島　並べる台も、今より多かったからね。ラック台が一人五台（現在四台）、文庫入れるワゴンが一人二台（現在一台）、それを並べるテーブルの数ももちろん多かったわけでね。縛ったり、机に幕をつけたりするのも時間かかったね。

東　それだけでも大変だったけど、それから本番の本の持ち込みだからね。みんな若かったってこと。

――確か、お客さんが降りてくるエレベーターを背にすると、左奥が仕切りで作ったストック置き場。右側に卓球場がありましたよね。

飯島　あの卓球場ね、よく落語家の人たちが来てたね。落語家の卓球クラブかなんか。林家こん平とかヨネスケとかよく見たよ。

――ちょっとそれてしまいました。六階にあがって売上げはどうなったのでしょう。

飯島　最初はね、ガタ落ち。みんな「今後どうなるんだろう」って思ったんじゃないかなぁ。やっぱり、常連のお客さん以外がどうしても少なくなっちゃってね。やっぱり一階になにか必要じゃないかとなってね。

――どのような対策をとられたんですか。

飯島　今度はね、交代でビラ配りとね、「古書感謝市開催中」というプラカード持つ係を一階に置いたの。プラカードもね、ＢＩＧＢＯＸさんが作ってくれて。慣れてないからみんな恥ずかしがってね。

東　それが嫌でやめたっていう奴いなかったっけ（笑）。

――結果はどうでした。

飯島　やっぱり、だんだん売れだしたよ。いかにも古本好きっていうお客さん以外の人が目立つようになってきて。あと、一番効果があったのがカードサイズのカレンダーだよね。数ヶ月分の開催日程が書いてあるやつ。

――あぁ、今でも「ないの？」って聞かれるぐらいですもんね。僕も六階時代に古本屋になったので憶えてます。そのころって、お客さんの財布に必ず入ってましたよね、あれ。

飯島　あのころは「第一月曜から土曜日」って開催期日が固定だったから先までの

予定が載せられたんだよね。最初は半年ぐらいのカレンダーで、最終的には年頭に一年分の予定付きのカレンダーにして配布していたんだね。

東　今も来月の予定チラシを配布してるけどね。あのカードは財布に入ったでしょ。お客さんが日常的にカレンダーとして使ってたんだよ。だから自分から日程を調べて来てくれるようなコアなお客さんじゃない人には、ものすごく効果があったね。

――東さんが古書感謝市に入会したのは昭和六三（一九八八）年と聞きました。実感としてどうでしたか。売上げ的なことは。

東　僕が入ったのは六階にあがって半年ぐらい経ってからだけどね、売れたっていう実感しかないなぁ。

飯島　結構早かったんだね、定着するのも。一階でのプラカードもこのころには店主じゃなくてバイトになっていたし。でも万引きも多くなったんだ。とにかく広かったからね。なかなか全部見ていられないんだよね。

東　そうそう、それで荷物預かり所ができたんだよね。古書会館での荷物預かり所みたいに預かって番号札を渡してね。帳場の後ろのところだったね。

――全員が毎日出勤していたんですか。

飯島　一階でやっていた時のA班、B班でね、そのまま一日おきに出勤すればよかったんだね。でも休みったって、どんどん追加の荷物作らなきゃいけなかったから。

ずっと値札貼りやっていたけど。

――昭和四六（一九七一）年の新宿古本まつりのころは早稲田の認知度も低く、ほぼ大学関係の人だけがお客さんだったと聞きました。古書感謝市が始まるあたりから、他地区からのお客さんも増えてきたと聞いていますが。

飯島　この六階にあがった昭和六二（一九八七）年というのはもう穴八幡での早稲田青空古本祭が始まっているころだから（第一回は昭和六一〔一九八六〕年）。地方のお客さんが早稲田に訪れるようになるのが青空以後だからね。だから、この六階のころなんかも地方からわざわざ来てくれるお客さん多くてね。

東　会場からダンボール箱ずいぶん送ったもんねぇ。毎月五〇人以上は送りがあったよ。梱包する係なんかほかの仕事できないんだから。ずっと箱に本つめてんだ。

――平成七（一九九五）年、再度一階におりることになります。

飯島　六階の会場がゲームセンターになることになって。全面だから続けることもできなくてね。そのころ、現在の会場、一階のコンコースではいろいろな催事が行なわれていてね。その催事のひとつとして一階で毎月開催することになったんだよ。

東　ただ、以前よりスペースが狭くなってるから、もちろん全員でやることができなくてね。以前一階でやっていたように二班に分けて。現在のように一〇軒ずつが交互に開催する形になったんだね。丸一週間の日程になったのも一階に下りてからなんだね。

――この時は、なんだか鉄柵に囲まれた古本市でしたよね。今考えると結構かっこいい感じもしますが、近未来的で。

飯島　そうそう、四方が鉄柵で囲まれてね。何軒かは鉄柵挟んで内外で台が並んでたりね。

東　閉店後は柵の外だけ幕をかけて、入り口を鉄扉で塞いで鍵かけてたね。

――これ、どうしてなくなったんですか。

飯島　確か、駅に向かう点字ブロック作るのに邪魔になったんじゃなかったかなぁ。

――あぁ、高田馬場は日本点字図書館★23をはじめ目の不自由な方のための施設が多いですもんね。BIGBOXの前にたむろしている学生がそういう方が通れなくて困ってるのに気付かないで邪魔になったりしてるんだよなぁ。あと、文庫のワゴンの上に寝ないで欲しい（笑）。

飯島　とにかく、よく三〇年以上続いたね。せっかく駅前という土地で本を売らせてもらっているんだから、もっと一般の人に安く本を提供したいよね。

東　みんな、自分の店と同じように手をかけてきた催事だからね。これからも全力でやるだけだね。

――今日はありがとうございました。

★23　日本点字図書館　昭和一五（一九四〇）年、本間一夫によって日本盲人図書館として豊島区雑司が谷にて創立。昭和一六（一九四一）年、現在地（東京都新宿区高田馬場1―23―4）に移転。全国の視覚障害者を対象に、点字図書・録音図書の貸し出しや、点字図書の出版、触図の製作などの事業を行なっている。

発展——早稲田青空古本祭

「読書の秋はワセダから」というキャッチフレーズのもと、平成一七（二〇〇五）年で早稲田青空古本祭は二〇回開催を迎えた。

昭和四六（一九七一）年、高田馬場駅前広場の「新宿古本まつり」、昭和四九（一九七四）年からの「BIGBOX古書感謝市」などの古本市の開催により、早稲田大学の学生のみを販売対象にしていた時代を終え、近辺のみならず、少しずつ他の一般客へのアプローチをしていくことになってきた時期。

「平成」を目前にした昭和六一（一九八六）年、早稲田古本屋街は、まさに「宣伝」を目的として、さらなる顧客増加へ向け、早稲田青空古本祭の開催を決定する。売上げが低迷し始めた時代、再度、新たなお客様を取り込まないと危ないのではないかとの危機感が出始めたからである。

早稲田青空古本祭の物語は、神保町駅に出していた広告看板が値上がりすることになり、撤去が決まるところから始まる。

昭和六一年。チェルノブイリ原発事故、ビートたけしフライデー襲撃事件など。

早稲田青空古本祭誕生

安藤彰彦（安藤書店）
飯島治昭（三幸書房）
五十嵐智（五十嵐書店）
向井佑之輔（古書現世）
司会　向井透史（古書現世）

――早稲田青空古本祭も、二〇回を超えました。そこで、早稲田青空古本祭の立ち上げから、初期の苦労話までを伺いたいと思います。当時の新宿支部長は？

五十嵐　僕だね。結局、第一回の古本祭の実行委員長も僕になるのだけど、始まりは支部ではなく、班なんです。早稲田班ね。

安藤　この早稲田青空古本祭はね、元をただせば神保町の駅に出していた早稲田の地図入りの広告看板なんだ。

飯島　その広告は早稲田古本屋街、つまり早稲田班の店から集めた宣伝費を使ってだしてたの。それが、確か値上がりすることになったんだよね。効果もあるのかないのかもわからないような感じだったしね。班会でやめようという話になったんだ。

向井　当時、高田馬場駅にもあったんだ、看板広告。宣伝費というのは年間七〇万円ぐらいの予算だったかな。それを半分ほど使って数年間看板広告を出していたの。[★24]神保町駅の看板やめることになって宣伝費が半分浮くところから始まるわけ。

――ほかの駅で看板を継続という話はなかったんですか？

安藤　さっき三幸さんがいったように、効果が目に見えてあるわけじゃないからね。あれの影響もあるんじゃないかな、雑誌に広告を出したことあったでしょう。

向井　あぁ、「朝日ジャーナル」[★25]だ。これは、もっと前だったよね。みんなでお金出しあって早稲田の地図広告を出したんだよ。反響があったんだよね。

飯島　そうそう、雑誌片手に来店する人が本を買っていってね。あの時の目に見える効果からすると看板広告はイマイチという印象だったんだろうね、みんな。視覚的な広告というものに限界を感じていたんだ。

安藤　それで宣伝費が浮いたわけだ、半分。約三五万円というお金が。これをどう使うかというね、それこそが出発点なんだね。古本祭の話はまだないんだけどね、この時点では。

――それでは、その経緯をお聞かせください。資料を見ると、この看板騒動は古本祭開始の二年前、昭和五九（一九八四）年です。

向井　それで、虹さんのお父さんね（先代・清水敏吉氏）。早稲田班の班長さんだったんだけど、中心になって余った宣伝費をどう使うか決める部を作ろうという話

★24　数年間看板広告をだしていた
地下鉄の高田馬場駅に昭和五三（一九七八）年、神保町駅に昭和五六（一九八一）年に設置。

★25　朝日ジャーナル
朝日新聞社の雑誌。昭和三四（一九五九）年創刊、平成四（一九九二）年休刊。硬派な内容が受けて、全共闘運動が盛んなころ「右手に朝日ジャーナル、左手に少年マガジン」といわれ当時の学生層にもよく読まれた。

になったの。それで一〇人ぐらい集めて。「広告宣伝研究会」が発足するんだな。大げさな名前だけども（笑）。この中では五十嵐さん以外はみんなメンバーだったね。五十嵐さんは支部長だから。

――看板騒動の翌年、昭和六〇（一九八五）年二月の発足ですね。

飯島　いろいろと検討するんだけどさ、結局浮いた予算三五万円だとほとんどなにもできないことがわかったの。それでも、なにかやらなければということで、合同古書目録という話で決まりそうだったんだけども。

安藤　ただね、この会でまず考えたのは「広く早稲田古本屋街を知らせる」というのを優先してたのね。でも、全国に、って思いつくのは古書目録ぐらいしかなかったんだよ。それをね、現ちゃん（向井）が「古本祭みたいなことをやったらどうか」といったんだよ。

向井　いや、やっぱりさっき話した「朝日ジャーナル」のときね、マスコミの力ってこんなにすごいんだと思って。でも目録じゃアピールできないでしょう。弱い。やっぱり、以前高田馬場駅前でやった古本市や、神田の青空古本まつりとかを見ると、やっぱりこれしかないんじゃないかと思ったんだよね。

飯島　それでね、余った三五万円をどうこうするんじゃなくて、もっと積極的な宣伝をとなっていくわけ。もちろん、いろんなリスクはあるにせよ長い目で見れば、まずは強力な宣伝をするべきだということになったんだ。

――五十嵐さんは支部長としてどのようにこの動きを見ていたのでしょうか。

五十嵐　まぁ、こういうことをやりたいと虹さんから報告を受けてね。僕も最初からやりたいと思ったよね。僕は神保町の南海堂さんで修行して、その後もしばらく神保町で店をやっていたから神田の古本まつりも参加してるんですよ。やっぱり直接お客さんに来てもらわなくては意味がないと思うからね。

安藤　それで班会で発表したんだよ、古本祭やりたいって。でも、ほとんどが反対だったな。天候の問題、お金の問題とかで不安の方が先にあってね。結局、店の売上げも悪くない時だから。売上げが落ちてきた時期ではあるけれど、ＢＩＧＢＯＸがあったりね。「宣伝のため」というのは受け入れられなかったね。

向井　まだ詰めが甘くて抽象的だったのもいけなかったのかもね。看板の後釜考えるっていってたのに、いきなり古本祭とか言いだすのも突然すぎたし。とにかく一回、仕切り直しになったんだね。

――会場のほうは決まっていたんですか？　穴八幡宮に。

飯島　穴八幡宮でやりたいというのは最初から向井君がいってたよね。でも許可はまだもらってないでしょう。

五十嵐　ここで僕の出番なんだね。当時、穴八幡宮の宮司だった斎藤直成さんね。

斎藤さんは古本の世界では有名人なわけです。いろんな古書展で買っておられたからね。でも、最初はね、いい返事もらえませんでした。というのもいろんな、それこそ危なそうなところからも、イベント会場として貸してくれという話がくるそうなんだ。で、例外を認めると断りづらくなると。でも、僕はその時に偶然にも、娘の中学校のPTA会長をしていたんだ。だから地域の集まりなんかで同席する機会が多かった。その都度、古本祭の意義などをお話してね。それから当時、斎藤さんの古地図のコレクションを本にする話があったの。その編集者が前からの知り合いだったんだ。その人からもお願いしてもらったりして。最終的に虹さんと直接お願いに行ってね、許可をもらえることになったんです。

安藤　会場許可もでたし、今度は、かなり具体的な経費などをだして説明したんだ。当時、中野サンプラザの古本市があったから、確か出久根達郎[★26]さんにイベント屋さん紹介してもらって企画書だして説明したの。確かに売れるかはわからない。晴れるかもわからない。だけど取材がくれば、今後かならず財産になるって説得してね。

向井　虹さんもね、個人でお店行って随分説明してね。なんとか協力してくれってまわったらしいからね。

飯島　で、次の年の一〇月開催の方向で賛同を得たんだ。これでね、広告宣伝研究会は青空に向けて具体的に動くようになったんだ。次の年の二月かな。早稲田青空

★26　出久根達郎　高円寺の古書店、芳雅堂書店店主。古書店経営の傍ら執筆活動も続け、平成五（一九九三）年に『佃島ふたり書房』で第一〇八回直木賞を受賞した。

古本祭実行委員会が組織されてね。この会は解散になったんだ。

五十嵐　僕はね、ずっと最初からやってきてるんだから虹さんにやってもらいたかったの、実行委員長。でも、会場の件などを一緒にお願いに行ったからか「交渉が大事だから。僕は苦手だから君がやってくれ」といわれてね。それで引き受けたんです。

記念目録「古本共和国」

――青空古本祭と切っても切り離せないのが、記念目録「古本共和国」です。販売目的である古書目録に、読み物である特集記事を付けた冊子ですが、どのようにしてこのスタイルになったのか、お聞かせください。

安藤　まず、早稲田という地域は目録というものが昔から苦手でしょう。雑なものを安く売るという感じだからね。現場で全部売るのが早稲田スタイルでしょ。だから、研究会でも目録だけって話が最初にあったけど、それさえも「参加者がいるのか」とか「できるのか」って声があったぐらいだから。

向井　古本祭の開催が承認された班会でも「どちらかひとつでいいんじゃないか」という意見が多くてね。でも、僕たちは相乗効果を考えていたわけ。宣伝ということを考えた時にね、古本祭のリリースを、古本屋のことが書いてある記事の入った目録と一緒に送ったほうが、よりいいだろうというね。

飯島　特集記事はね、さっき言っていたように目録が集まるかどうかというのもあったからさ（笑）。あんまり薄くなると困るということもあってね。でも、こういう状況がなければ記事付目録の発想は出てこなかったかもしれないよ。

向井　古本祭自体もそうだけど、これは古本屋の手作りでやろうと思ったんだね。不恰好であっても、自分たちの手でやろうとね。まともにやっても絶対、商業誌には勝てないんだから。それで、僕と、鶴本さんで編集することになったんだ。鶴本さんは元編集者でもあったので、誌面のことはまかせて。誌名はまだ「古本共和国」ではなくて「早稲田古書店街連合目録」だけどね。

飯島　この一号で特集に同業者からクレームあったよね。

向井　そうそう、今では当たり前になっている「古書市場の仕組」と「用語集」ね。外部に出すとはなにごとだって。

飯島　それこそ、いろんな人の本に、すでに書いてある時期だったからね。それ以上のことなんか書いてないのにね。謝罪が必要とかいわれてね。

向井　なんだったんだろうな、あれは。まぁ、この話はこれぐらいで。

――目録の名前が「古本共和国」になったのは三号からですね。

安藤　この年は僕が編集担当だったの。で、「連合目録」というような名前じゃなくて愛称みたいな名前にしようという話がでたの。「古本共和国」は現ちゃんだっけ？

向井　そう。「みんなで」ってイメージだったんだけど。

――永島慎二★27さんの版画が表紙を飾るのもこの三号からですね。平成一七（二〇〇五）年にお亡くなりになられて。残念でした。

安藤　せっかくタイトルも変えるのだし表紙に華が欲しいなと思ったんだ。そこで知り合いだった永島さんにお願いして使わせてもらったんだ。それからずっとお世話になってね。『古本共和国』のために作ってくれていたからねぇ。

――安藤さんは包装紙やお店のシャッターなどにも永島さんの作品を使われていますが、どのようにしてお知り合いになられたのですか？

安藤　幻燈社からでていた片山健の『美しい日々』という本を扱いたくて高野慎三★28さんに会いに行ったんですよ。青林堂まで。そこで長井勝一★29さんに会ってね、『ガロ』も扱うことになったの。で、読んでいて「いいなぁ」と思ったのが永島さんだったんだよ。それで是非自分の店の包装紙に永島さんの作品を使いたいと思って長井さんに頼んだら「紹介してやるよ」っていわれて。そうしたらさ、俺が臨時編集員になって永島さんところに『ガロ』の原稿依頼に行くことになってさ。その席で頼んだんだよ。奥さんの小百合さんに協力してもらったりして。いい思い出です。

★27　永島慎二
漫画家。『さんしょのピリちゃん』で漫画家デビュー。著書に『漫画家残酷物語』『フーテン』など。安藤書店との関係から、早稲田青空古本祭の記念目録「古本共和国」表紙への版画提供、古書店街のビニール袋への版画提供などでお世話になった。早稲田青空古本祭のポスターには、「古本共和国」表紙と同じ版画が使用されているせいか、「古本市のポスター」ではあるが、やたらと盗難された。平成一七（二〇〇五）年没。

★28　高野慎三
「日本読書新聞」編集部を経て、青林堂に入社。「ガロ」の編集者になる。石子順造などと「漫画主義」を創刊。自ら出版社、北冬書房を立ち上げて、

――第一六回の時には会場で版画即売会も開催しましたね。

安藤　遠くから買いに来た人がたくさんいたね。永島さんも喜んでくれたよ。このころかなり体調を崩されてね。本当になんと御礼をいっていいやら。

――オリジナルの版画もこの年が最後になってしまいました。その後は『旅人くん』などから絵を使わせてもらっていたのですが。心よりご冥福申し上げます。

ちなみに、それまではB5版だった版型が現在のA5版に変わったのは第一六号（第一六回開催）から。経費削減といわれたためです。古書目録部分も若手が手分けしてパソコンでテキスト化して。制作費は三分の一ぐらいになったと思います。目録の売上げを会場売上げに含めるようになったのもこの時からです（それまで個々で送っていたシステムを、会場から合わせて発送、会場で受け取りできるようになった。二〇〇六年からは目録と記事が分離。「古本共和国」の名は、記事のついた地図帖として一年間配布できるスタイルに変わって継続）。

第一回早稲田青空古本祭

――一〇月一日からというのは、どのように決まったのでしょうか。

飯島　神田が一〇月の終わりからでしょ。一緒の時期にやるのもなんだしね。それでこのころは中旬に中野サンプラザの古本まつりもあったんだよね。中央線支部の

ガロ系の漫画を出版するなど、独自の活動を続けている。「権藤晋」名義のものを含めて、著作多数。

★29　長井勝一
漫画雑誌「ガロ」の初代編集長。白土三平をはじめとする戦後漫画史の重要人物を多数輩出した。著書に『ガロ編集長』がある。平成八（一九九六）年没。

古本市が。だから初旬しかないといったら変だけどそうなったんだよ。

安藤　古本祭のキャッチフレーズ「読書の秋はワセダから」というのは俺が考えたんだけど、ポンと思いついたんだよね。数ある古本市の先陣をきってやるというイメージでね。

向井　でも、ほら、後で調べたんだよね。雨が心配だから。『理科年表』かなんかで。そうしたら、それこそ一年で一番雨が降るみたいな感じなんだ。梅雨の時より悪い。あれがわかった時はショックだった(笑)。

――いよいよ開催近くになって、目的のマスコミ取材なんかはどうでしたか?

飯島　ほとんどの新聞で事前に記事が載ったんだよね。雑誌などの取材もすごくて。まさかこれほど、という感じだったよ。

向井　いや、ホント今は笑い話だけどさ、我々も慣れてないからさ、これは大変な人数が来るとか言いあってね。高田馬場からのバスが間に合うのか、なんて真剣に話し合っちゃってさ。バスの事務所まで相談行ったんだよ(笑)。「平日だし大丈夫じゃないですか」とか言われて。でもね、それぐらい思ってしまうような紹介のされ方だったんだよね。

五十嵐　僕も初日だったか前日だったか日本テレビさんに出演してね。野末陳平さんの番組に。あの方、早稲田卒業でしょう。ポスター持っていったら「じゃあ貼りましょう」っていってくれてね。その前で喋ってきたの。大きかったよね、あれ。
向井「古本共和国」の注文も、みんなかなり来たらしくて。期待がすごくなってね。設営もみんなでやったよねぇ。
安藤　いつも石垣に付ける、あの大きな看板も手作りだもんな。木材屋からベニヤ買ってきてな。色付けて。コピーで文字拡大したりいろいろしてペンキ塗ってさ。最初、数人でやる予定が自然とみんな集まってきて、ほぼ全員で作ったんだ。
飯島　はじめのころは大きなゲートもあったんだよ。今、境内に赤い門があるでしょう。あの横あたりに作ってそこでテープカットしたりして。くす玉も割ってね。
――いよいよ第一回の初日、その日の様子は？
五十嵐　それがいきなり大雨だったんだよ。記念すべき第一回の初日が。第二回まではテントがなかったからね。雨だと中止だったんだ。いや、正直動揺したよ。
安藤　開場一時間前の九時に中止が決定してね。テレビの中継とかも数社入ってたんだけど、みんなダメになっちゃって。今までの苦労はなんだったんだって。
五十嵐　それでも記念セレモニーを予定していたから。来賓の方もいるしそのままお返しするわけにもいかずにね。誰もいない中、セレモニーだけやりましたよ。テープカットしてね。割れたくす玉が、また悲しかったよ。
――早稲田青空古本祭といえば「雨」ですが、最初から呪われていましたか。雨についてはまた後ほど。二日目以降はどうでしたか。

向井　二日目も午前中が曇りでお客さんの出足が遅かったんだよね。でも午後から晴れて。晴れてからは売れたんだ。

安藤　掲載をこちらが把握していない媒体も数多くあってね。地方紙を見てくる人が結構多くて。

飯島　会場からの荷物配送も多かったね。かなり遠くから来ている人が多くてビックリして。四日目の土曜日なんかすごい人手だったよ。前日にNHKが中継してくれたこともあるのかもしれないけど。日曜日も午後はすごかった。とにかく予想以上の売上げで。（アルバムを見ながら）見てよ、打ち上げでのみんなの笑顔。ホント大成功だったんだね。

——初期のころ、一〇円文庫のコーナーありましたよね。調べてみると一二回（平成九〔一九九七〕年）までやっていたようです。

向井　これも会場になにか目玉を、ということ、当時は新宿区が主催の大新宿区まつりの協賛金[★30]をいただいたのでなにかお返しにできることはないか、というのが重なってね。新宿区に一部を寄付することにしたんだ。最初だから、極端な企画が欲しかったんだな。

飯島　みんなから五箱ぶんぐらいだったかな、無料提供してもらって。二百箱ぐら

★30　大新宿区まつりの協賛金
以前は協賛行事として登録すると、協賛金がもらえたのだが、現在は廃止。広報面でのバックアップがもらえるだけになった。結構、痛手だったりします。

い集まったな。

安藤　売れたよねぇ。三〇万円ぐらい売れたんじゃないか。三万冊だよ。だいたい、いつも足りなかったよね。期間中に市場でね、誰も買わなかった品物を全部最低値で買って追加したこともあったもんね。質、関係ないんだもん。

――地方の方で、個人図書館みたいなもの作るといって、毎年二〇箱ぐらい買うお客様いましたよね。

飯島　そうそう。中を見ないでね。数えられないからだいたい一箱いくらで買ってもらったんだ。安くしてあげたけどね。送料の方が高かった。

安藤　階段下でやっていたんだよね。普通の（通常価格の）文庫売るのは禁止だったんだ、トラブルあると困るからということで。なくなった理由には、階段下がこれしかなくて、通りがかりの人が上でやっているのを気づかないということがあったんだよね。それと、売上げが安定しちゃって上がらない時期でもあったから。通常の文庫売ったほうが効率がいいということになって。だいぶ違うでしょ、売上げ。

――そうですね、ウン百万円違いますよね。「祭」という感じがなくなってしまったのは残念ですけどね。あまり現実だけでもどうかなぁという気がしますけど、これだけ莫大な経費がかかってると、ですよねぇ。いつか単発でもいいから復活してやれたらいいですね。場所の問題がありますが。

雨との戦い

——さて、第一回の古本祭がいきなり雨で中止になってしまったように、とにかく雨で泣かされることが多いイベントです。そんな、雨に関する苦労話をお聞かせください。

五十嵐　第一回は初日だけ雨で、後は大丈夫だったんだ。とにかく気が気じゃない。真夜中に会場の様子見にいったり、天気が気になって寝られないしで精神的につらかった。本当に、冗談抜きで僕なんか第一回は初日のショックと、その後の気苦労で記憶がほとんどないんだよ、会期中の。

飯島　で、二回目はほら、逆に最終日が雨でさぁ。朝のうちに中止になっちゃって。あっけなく青空終了だもん、五日間で。雨の中の撤収大変だったでしょ。みんなずぶ濡れ。靴は泥だらけ（笑）。

向井　そうそう、屋根がないから、棚にかけてあるビニールにもぐって縛ったよね、本を。息苦しい中で。

——テントが登場するのは第三回からですね。

五十嵐　晴れれば売れるのはわかったんだ。で、大きなテントはやっぱり高いんだよね。すごいリスクがあるんだ。だけど、三回目でようやく「これだけ売れるなら」とね、みんな思い始めたんだと思うよ。雨降っても「ゼロ」にすることはないというね。勝算があったから。

飯島　でもテントつけたあとも「水漏れ」があったり苦労もあったけどね。テントのたるみに雨が溜まって崩壊寸前になってさ、夜中に呼びだされたこともあったよ。

安藤　あとは足元ね。前は土だったでしょ。雨降ると下が泥の川なんだよ。だからテントの周りに溝を掘って。会のお金でつるはし買ったんだもん。あとはみんなスコップ持参で。水の流れを読んで水の流れ変えるんだよな。

向井　実行委員会土木課とかいわれたよね(笑)。あとは棚の前にはベニヤ板をひいてね。終わったあとにベニヤ洗って乾かすのが大変だった。

――一回、上の会場に文庫コーナー作ったとき、普段使わないところだから土がもっと軟らかくて、沼みたいになりましたよね。ベニヤひいても沈んでいって。お客さんも行かないどころか、古本屋も追加に行かないという(笑)。でも、憶えてるんですけど、お客さんに「長靴売ってるとこあるか」と聞かれて。履き替えて見に行った方がいました。掘り出しもの、独り占めでした。

飯島　だから、下がコンクリートになるまでは穴掘りの歴史だよね。あれ撤収後に元に戻すのが大変だった。

向井　会場の足元がコンクリート化して、いらなくなったベニヤ板の処分困ったよね。最後は近くのお風呂屋さんに薪として使ってもらったんだよな。泥だらけのベニヤ板。

——忘れられないのが第一七回の台風での中止騒動ですね。

安藤　あれも初日だったな。戦後最大とかいわれてね。

飯島　午後からおかしな風が吹きだしてね。三時すぎだったかな。設営会社の方から「もし直撃した場合、テントが倒壊する可能性がある」といわれて。四時ごろにやむを得ず中止にしたんだよね。売上げ的にも大打撃だった。

安藤　だけど困ったんだよね。テントを畳むんだから。本が雨ざらしになるわけ。だから、ビニールシートを追加で大量に買ってきてね。

飯島　全部二重にしてヒモでグルグル巻きにしてね。時間との戦いだったよね。心配な人は一回撤収したしね。会計所も全部撤収したもんね。まさか中止になるようなことがあるとは思っていなかったよ。

——でも結局、早稲田はそれほど降らなかったんですよね。総務だった方などは夜中まで会場待機で大変でした。

安藤　次の日、早くから集まってね。快晴だった。全部会場を元通りにしてね。みんな「今日が初日だ」とか言って、なかったように振る舞ってたよな。

——二〇〇四年も三日間、一瞬たりとも止まずに降りました。これからも苦労しそうですね……。

史上最悪の古本祭

――早稲田青空古本祭を語る上で、必ず登場するのが第三回の古本祭です。この時の実行委員長が、今は亡き西北書房さん、そして現場責任者の総務部長が三幸さんです。

飯島　忘れられないな、本当に。これは昭和六三（一九八八）年、いわゆる昭和天皇の吐血、下血による自粛ムードの中の開催で。

――その報道があったのが九月一九日です。開催間近ですね。

飯島　いや、あせった。神田の青空古本まつりが即中止を発表してね。協賛の大新宿区まつりも中止で。区のほうからはね、協賛催事に関しては、派手にならないようにすれば開催しても構わないという連絡があったんだけど。穴八幡側も同じ意見だったと思います。

安藤　毎日のように、あれが中止、これが中止って報道があるでしょう。もう『古本共和国』は発行されていて注文も来てるし、みんな荷物の準備もほぼ、できてるという状況でね。しかも、この年からリスク負ってテントの導入決めているしね。

五十嵐　この古本祭は事前貸出金[★31]があるしね。いきなり何一〇万返せっていっても

★31　事前貸出金　六月に、青空古本祭へ向けての仕入れ資金という名目で、参加者には希望額が貸し出される。一〇月の本番での売上金から引かれて返済する決まり。売り上げ見込みを間違えると、お金をもらえるどころか支払わなければならないことも。

大変だしね。いろいろなところで引き返せない状況もあったんだな。

向井　でもみんな基本的には「中止」っていう選択はない雰囲気だったよね。事前貸出金のせいでどちらでもリスクあるからだと思うけど。

飯島　だから九月二五日ぐらいかな。開催しようということが決まって。セレモニーなし、のぼりも最小限に、アーチなし、それから名称も「古本祭」じゃなくて「古本市」に変更して。

安藤　看板などの「祭」の上に「市」を貼り付けたよね。

向井　マスコミ報道もほとんどなかったよね。ちょうどソウルオリンピックの最中でもあったし。

――いざ始まってみて、どうでしたか。

飯島　いや、もう全然人が来ないの。初日に少し売れたぐらいで。もう、どうしていいかわからない感じで。

安藤　後から「やったんですか」とも随分いわれたよね。お客さんから当然中止だろうと思われていたみたいで。

飯島　さらに追い討ちをかけるように三日間も雨が降ったんだよ。テント付けたといってもこの状態ではねぇ。散々な売上げのまま閉会になったんだ。

向井　これ、赤字で大変だったよね。業者への支払い分が足りなくてみんなから会が借金したよね。これ、二年越しぐらいで返済したんだよね。
飯島　いろいろ考えてね、次の年に特価本（ゾッキ本）を大量に買いきりで買ってきて販売してその足しにしたりね。いや、大変だったなぁ。それに、この騒動で参加をやめてしまった本屋もいたしね。いい記憶ないよ。
――いや、本当にご苦労様です……。四回からはまた売上げも戻ったみたいですね。ここ数年も他の古本市の売上げ低下がいわれる中、健闘していますよね。
安藤　台風騒動以来、一応毎年売上げは伸びているからな。第一九回の時もよく耐えたよな。雨、三日間も降ったのに。
飯島　初日、二日目が売れたもんね。早稲田にも若い人が増えてこの古本祭もそういう人が中心になってきているからね。
五十嵐　最初の志を忘れずね、これからも外に向かって若い力でアピールして欲しいね。
――数年前より新しく加入した人たちがですね、こういってくれたんです。「早稲田の青空はいいよね。努力しただけの結果がきちんとでるから」って。やる気がでるって。聞いたとき、とても嬉しかったんです。そういう「場」をですね、これからも作っていけたらと思います。力をあわせて古本祭を続けていきたいですね。
今日は本当にありがとうございました。

『早稲田古本屋街』年表

明治一五（一八八二）年

・大隈重信、早稲田の地に東京専門学校を創立。

明治一八（一八八五）年

・山手線の前身・品川線が品川～赤羽間に開通。新宿駅開業。

明治二二（一八八九）年

・中央線の前身、甲武鉄道が新宿～立川間に開通。

明治二七（一八九四）年

・神楽坂の入り口そばに中央線の前身、甲武鉄道の牛込駅が開業。

明治二八（一八九五）年

・甲武鉄道牛込駅の御茶ノ水方面すぐに飯田町駅が開業。

明治三五（一九〇二）年

・東京専門学校、創立二〇周年。大学へと昇格し、早稲田大学へと名称変更。後に古本屋街が並ぶ早大通りが開通する。

明治三六（一九〇三）年

・早大通りに早稲田地区初の古本屋、河鍋書肆が開業。大正初期までに通り沿いに約一〇軒の古本屋が開業する。

明治四三（一九一〇）年

・品川線の高田馬場駅が開業。

大正七（一九一八）年

・江戸川橋方面から延びてきた市電（路面電車）の早稲田駅が開業。早大通りだけではなく、市電走る現在の新目白通り、大隈通りが賑わうことになった。

大正一二（一九二三）年

・九月一日、関東大震災発生。早稲田地区の被害は些少。同じく被害の少なかった神楽坂には東京各地から大店が集まり「山の手銀座」と呼ばれる賑わいをみせることになる。新宿の発展もここから始まった。

大正一四（一九二五）年

・山手線の環状運行開始。

昭和二（一九二七）年

・西武鉄道（現・西武新宿線）の高田馬場駅が開業。高田馬場が乗り換え駅に。

昭和三（一九二八）年

・飯田町駅と牛込駅を統合するような形で中央線の飯田橋駅が開業。

昭和四（一九二九）年

・早稲田から高田馬場駅までの早稲田通り拡張改装工事始まる。

昭和六（一九三一）年

・稲光堂書店、早稲田・広文堂書店より独立開業。P152

・文献堂書店開業。

昭和九（一九三四）年

・環状五号線（明治通り）が全線開通。早稲田通りとの交差点ができる。

昭和一一（一九三六）年

・照文堂書店、神保町・文興堂書店より独立開業。P156

昭和一七（一九四二）年

・四月一八日、米軍による本土初空襲。一番機が古本屋街のある早稲田鶴巻町へ焼夷弾投下。
・ヤマノヰ本店、穴八幡横に神保町・松村書店より独立開業。後、文京区大塚、高田馬場を経て現在の店へ。

昭和二〇（一九四五）年
・五月二五日夜の山の手地区空襲により、早大通り沿いの早稲田鶴巻町、山吹町、神楽坂が壊滅状態に。高田馬場方面へ向かう早稲田通りメインストリートは被害を免れる。この年、終戦。

昭和二二（一九四七）年
・東京古書組合新宿支部の古書市場、旧水稲荷神社社務所にて再興。

昭和二四（一九四九）年
・新井書店、向島での露店を廃業して早稲田で店舗開業。P160

昭和二五（一九五〇）年
・古書市場会場移転。五月に高田馬場の古物市場、七月に下落合・落合労働組合建築事務所二階へ。

昭和二七（一九五二）年
・古書市場会場移転。三月、歌舞伎町の松葉旅館別館へ。一〇月には大久保の「千成寿司」奥座敷へ。
・佐藤書店（後の三楽書房）、開業。

昭和二八（一九五三）年
・古書市場会場移転。歌舞伎町の古本屋、一草堂書店二階へ。
・金峯堂書店、特価本卸の芳明堂から独立した兄・二郎、新刊書店の江藤書店から独立した弟・一壽と共に開業。P71

昭和二九（一九五四）年
・佐藤書店、現在の新井書店のある場所へ移転。
・一心堂書店（現・一心みずい版画）、長野県上山田町から早稲田へ移転。

昭和三〇（一九五五）年
・文英堂書店、神保町・玉英堂書店より独立開業。P34

昭和三一（一九五六）年
・三楽書房開業。佐藤茂は佐藤書店と二店舗の店主に。P45
・西北書房、神保町・篠村書店より独立開業。P66

昭和三四（一九五九）年
・古書市場会場移転。新宿区役所通りの稲荷鬼王神社社務所へ。

昭和三五（一九六〇）年
・金峯堂書店の看板を弟・一壽に残して、兄・二郎が二朗書房を独立開業。P57

昭和三六（一九六一）年
・喜楽書房、神保町・山本書店より独立開業。
・浅川書店、早稲田・佐藤書店より独立開業。P76

昭和三八（一九六三）年
・古書市場会場移転。現在の場所に移った水稲荷神社社務所へ。
・五十嵐書店、神保町・南海堂書店の独立修行店舗にて仮独立。

昭和三九（一九六四）年
・地下鉄東西線が高田馬場—九段下間にて開通。早稲田駅開業。高田馬場方面へ歩かなくてもよい通学路の誕生となる。

昭和四〇（一九六五）年

・三幸書房、早稲田・佐藤書店より独立開業。P81
昭和四一（一九六六）年
・新築にあわせて、三楽書房は新刊書店に営業形態変更。
・虹書店、代々木駅近くより早稲田へ移転。P164
昭和四二（一九六七）年
・高円寺に西部古書会館建設。長かった古書市場移転問題に決着。中央線沿線の中央線支部との合同運営市場として安定した運営に入る。
・谷書房、神保町・金子書店より独立開業。
昭和四三（一九六八）年
・高田馬場駅から面影橋へ走っていた都電の路線が営業中止に。
・五十嵐書店、早稲田にて完全独立開業。P86
・いこい書房、一誠堂での修行から喜楽書房の手伝いを経て独立開業。P91
昭和四四（一九六九）年
・さとし書房、早稲田・文英堂書店より独立開業。P96
・関書店、神保町・東陽堂書店より独立開業。P101
・神保町・文省堂書店、早稲田店を開設。
昭和四五（一九七〇）年
・八月二一日、『新宿支部報』の企画により座談会「若人大いに語る」が開催される。早稲田古書店街の店舗増加による売上げ減少の危惧、さらなる宣伝が議論され即売展の開催案が出る。
・安藤書店、早稲田・佐藤書店より独立開業。これを機に佐藤書店は閉店。P106
・飯島書店、荻窪・岩森書店より独立開業。P111
・平野書店、江東区森下町から早稲田へ移転。P116
昭和四六（一九七一）年
・一二月一日～五日の日程で新宿古本まつり開催。早稲田地区初の古本市誕生となる。全日快晴で大成功に終わる。
昭和四七（一九七二）年
・岸書店、神保町・慶文堂書店より独立開業。P121
・寅書房、洋書販売店勤務を経て開業。
・年初め　東京古書組合北部支部から池袋の西武百貨店での古本市共催の話が新宿支部に持ち込まれる。共催を決定。五月二六日～三一日、第一回西武古本まつり開催。大盛況に終わる。
・新宿で町会長をやっていた鈴平書店・鈴木平八のもとに新宿伊勢丹より古本市開催の話が持ち込まれ参加者の募集がはじまる。新宿支部主催。八月八日～一五日、第一回大古本市開催。少ない準備期間をものともせず大成功に終わる。
昭和四九（一九七四）年
・前野書店にＢＩＧＢＯＸから古本市の開催打診があり、新宿支部に話が持ち込まれる。九月四日～七日、第一回ＢＩＧＢＯＸ古書感謝市開催。
昭和五〇（一九七五）年
・古書現世、早稲田・五十嵐書店より独立開業。P126
昭和五一（一九七六）年
・渥美書房、神保町・山陽堂書店より独立開業。P131
・亜洲書房（後の鶴本書店）、開業。P168

昭和五二（一九七七）年
・三楽書房、新刊書店から再び古本屋へ。
昭和五六（一九八一）年
・文献堂書店二代目・小野茂、事故死。
昭和五八（一九八三）年
・二朗書房・日野原二郎逝去。長男・功が二代目店主に。
昭和六〇（一九八五）年
・二月、宣伝広告研究会設立。前年の神保町駅看板広告撤収による宣伝代替案を検討。広告媒体の限界が語られて青空古本祭の開催を提案することに。一度否決されるも、再び早稲田青空古本祭の具体案を提示。来年の一〇月の開催で合意。準備に入る。
昭和六一（一九八六）年
・稲光堂書店・三瓶勝逝去。富也が二代目店主に。
・一〇月一日〜六日、第一回早稲田青空古本祭開催。初日が雨で中止になるも大盛況に終わる。
昭和六二（一九八七）年
・一〇月九日〜一四日、ＢＩＧＢＯＸ六階での古書感謝市、第一回。
昭和六三（一九八八）年
・新宿支部総会にて、伊勢丹「大古本市」の支部主催から同人制への変更を承認。独立催事に。
平成元（一九九一）年
・虹書店・清水敏吉逝去。康雄が二代目店主に。
平成二（一九九二）年
・文献堂書店、廃業。
平成七（一九九五）年
・ＢＩＧＢＯＸ6階会場がゲームセンターになるために再度1階コンコースへ古書感謝市会場を移行。
平成八（一九九六）年
・江原書店が開業。P136
平成九（一九九七）年
・照文堂書店・伏黒清二逝去。三夫が二代目店主に。
平成一〇（一九九八）年
・「早稲田祭」の中止により始まった早稲田大学のイベント「オール早稲田文化週間」の一催事として早稲田大学正門にて「青空古本掘り出し市」を開催。「早稲田祭」復活により、「オール早稲田文化週間」はなくなるも、古本市は支援事業として続くことになり現在に至る。
平成一二（二〇〇〇）年
・ブックス・アルトが開業。P141
平成一三（二〇〇一）年
・この年より8月のお盆の時期にＢＩＧＢＯＸ9階にて通常開催の偶数月班・奇数月班合同による「大古書市」が開催。
平成一六（二〇〇四）年
・メープルブックスが開業。P146

参考文献

「古書月報」東京都古書籍商業協同組合機関誌
「新宿支部報」東京都古書籍商業協同組合新宿支部機関誌
「古本共和国」早稲田青空古本祭記念連合目録

『東京名所図会　四谷区・牛込区之部』復刻版　睦書房刊　昭和四四（一九六九）年
『東京古書組合五十年史』東京都古書籍商業協同組合刊　昭和四九（一九七四）年
『新宿区史　史料篇』新宿区編・刊　昭和三一（一九五六）年
『近代日本と早稲田大学』佐藤能丸著　早稲田大学出版部刊　昭和五九（一九八一）年
『早稲田大学百年史』第二巻　早稲田大学大学史編集所編　早稲田大学出版部刊　平成一二（二〇〇〇）年
『大東京繁昌記　山手篇』加能作次郎著　平凡社刊　平凡社ライブラリー　平成一一（一九九九）年
『私のなかの東京』野口冨士男著　中央公論社刊　中公文庫　平成元（一九八九）年
『戸塚町誌』戸塚町誌刊行会刊　昭和六（一九三一）年
『下戸塚　我が町の詩』下戸塚研究会編・刊　昭和五一（一九七六）年
『別冊太陽　早稲田百人』平凡社刊　昭和五四（一九七九）年
『早稲田大学新聞　縮刷版』龍溪書舎刊　昭和五五（一九八〇）‐五七（八二）年
『飛行機野郎の箪笥から出てきた思い出トランプ』田中扶士彦著　アンメディアアレップ刊　平成一五（二〇〇三）年
『東京大空襲・戦災誌』東京空襲を記録する会編・刊　昭和四八（一九七三）‐四九（七四）年
『東京都戦災誌』新版　東京都編　明元社刊　平成一七（二〇〇五）年
『日書連五十五年史』日書連五十五年史刊行委員会編　日本書店商業組合連合会刊　平成一三（二〇〇一）年
『出版データブック　一九四五〜二〇〇〇』出版ニュース社編・刊　平成一二（二〇〇〇）年
『新宿区史　資料編』新宿区総務部総務課編・刊　平成一〇（一九九八）年
『新宿の散歩道　その歴史を訪ねて』芳賀善次郎著　三交社刊　昭和四七（一九七二）年

参考文献

『火災保険特殊地図　淀橋区』都市整図社刊　昭和六二（一九八七）年
『火災保険特殊地図　牛込区』都市整図社刊　昭和六二（一九八七）年
『火災保険特殊地図　新宿区（一二）早稲田方面　一九五四年』都市整図社刊　平成一一（一九九九）年
『春本文壽先生遺稿』春本文壽先生遺稿刊行會刊　昭和一四（一九三九）年
『新宿区の民俗　牛込地区篇』新宿区生涯学習財団新宿歴史博物館学芸課編・刊　平成一三（二〇〇一）年
『新宿区の民俗　新宿地区篇』新宿区立新宿歴史博物館編・刊　平成五（一九九三）年
『神楽坂界隈の変遷　江戸期から大正期まで』新宿区立図書館編・刊　昭和四五（一九七〇）年
『新宿・街づくり物語　誕生から新都心まで三〇〇年』河村茂著　鹿島出版会刊　平成一一（一九九九）年
『山手線誕生』中村建治著　イカロス出版刊　平成一五（二〇〇三）年
『中央線誕生』中村建治著　本の風景社刊　平成一七（二〇〇五）年
『新宿駅一〇〇年のあゆみ』日本国有鉄道新宿駅編・刊　昭和六〇（一九八五）年
『鉄道と街・新宿駅』三島富士夫著　大正出版刊　平成元（一九八九）年
『都電が走った街今昔』林順信著　ＪＴＢ刊　平成一〇（一九九八）年
『東京都電　懐かしい風景で振り返る』イカロス出版刊　平成一七（二〇〇五）年
『東京地下鉄道東西線建設史』帝都高速度交通営団編・刊　昭和五三（一九七八）年
『尾崎一雄全集』筑摩書房刊　昭和五七（一九八二）－五九（八四）年
『ドーリットル空襲秘録　日米全調査』柴田武彦著　アリアドネ企画刊　平成一五（二〇〇三）年
『値段の明治大正昭和風俗史　上・下』週刊朝日編　朝日新聞社刊　朝日文庫　昭和六二（一九八七）年

あとがき

本書の元となったのは未來社のPR誌「未来」に連載していた「開店まで――早稲田古書店街外史」です。第一回目は二〇〇四年の六月号。岸書店さんでスタートしました。この少し前に、未來社編集部の小柳暁子さんに「なにか書きませんか」とお誘いいただき、かつてある媒体で実現できなかった「店主が古本屋になるまでの聞書き」という企画に、もう一度挑戦してみようと思ったのです。ある媒体、というのは、第四章でも登場した早稲田青空古本祭の記念目録「古本共和国」です。古書目録に特集記事がついた冊子で、その特集部分でこれをやろうとしたのですが、やはり時間が足りないこと、ページ数の都合、それから、身内の取材は恥ずかしいということから難色を示す方も当時は多く、そのような理由で実現できなかったのでした。条件が変わることはないので、一生できないだろうな、と思っていました。

なぜ、自分がこの企画にこだわったのかといえば、飲み会の席や、古本市の合間に聞く店主たちの上京物語がどれも面白いからでした。例えば五十嵐書店さんのように「帰り道を間違えなかったらどうなっていたのか」というような話や、ほかの方の、新刊書店と古本屋の区別なんてわからなかった、というような話が新鮮に聞こえたのです。現在とは違う、「なるしかなかった」

というような、そのような道を歩んで「大学の街」で古本屋を開く。早稲田の店主の話は、いつも「業界史」ではなく、「庶民史」なのがいいな、と思っていたというわけです。それと、自分がなんとなく過ごしているこの街での古本屋生活のルーツを知りたいという思い。ちょうど、この本に収録した「古本共和国」（18〜20号〔二〇〇三−〇五年〕）の特集記事である、古本市の歴史（第四章 古本市、はじまる）を調べ始めたころでした。そんな時の小柳さんからの話だったのです。事情があり、取材ができなかった方もありましたが、その方々からも励ましのお言葉をいただきました。父親より年上の店主の方にじっくりと昔の話を聞く。それは至福の時間でした。喫茶店で、居酒屋で、ご自宅で、今、取材の日々を思い出しています。協力してくださった店主の皆さんに心より感謝申し上げます。

読み終えて、「なんだ、あの店の話はないのか」という方がいるかもしれません。今はもうないのですが、早稲田古本屋街というとこの店、という方が多いのはやはり文献堂書店でしょう。西北書房さんの通り向かいあたりにありました。今でも場所を尋ねられることが多く、すでに閉店したことを告げると、残念そうな顔をされるお客様がいるほどです。社会科学系古書を中心として左翼文献、機関誌などのミニコミ類が置いてある、政治の季節をギュッと濃縮したような古本屋だったと聞きます。吉本隆明の雑誌「試行」などが、飛ぶように売れていたとか。また、文学書や詩集なども扱っており、雑誌「彷書月刊」の特集・早稲田古本屋界隈（平成四〔一九九二〕

年・五月号）には、現代詩作家・荒川洋治さんが「文献堂にはぼくの処女詩集（『娼婦論』）を委託で販売してもらった。二八ページ・タイプ印刷の処女詩集は、レジの近くに置いてもらったためか、半年で一〇〇部は売れたかと思う」と書いています。この文献堂書店、とにかく業界内部の資料が少ないのです。というのも、文献堂書店は戦前からのお店なのですが、古書組合に加入したのは二代目の店主である小野茂さんの代になってからなのです。なので古い資料には文献堂の名は出てきません。たくさんの文献を探したわけではないのですが、今現在、わかっていることだけを記しておきたいと思います。

文献堂書店の創業は昭和六（一九三一）年。その経緯はわかりません。二代目店主の小野茂さんは大正九（一九二〇）年、長野県生まれ。初代の方とは直接の親子ということではなかったそうです。先代も長野の方らしく、同郷のつながりから店舗を手伝うようになったのは昭和九（一九三四）年。「日本古書通信」の八三二号（平成一〇〔一九九八〕年）には、田澤恭二「忘れ得ぬ群像――五人の古書店主たち」という文章が掲載されており、文献堂書店の記述があります。二代目の小野さんは戦争中、撤退作戦が映画にもなったキスカ島で軍隊生活を過ごしていたそうです。文献堂内の風景から一部引用します。

店には老主人と若主人が交替で座っていたが、老主人は大柄で元気がよく、色白の小柄な若主人は穏やかで、誠実な感じの人だった。私が親しんだのは若主人の方であった。本の評価で、老主人と若主人とが食い違うことがあり、私が二〇円均一本から掘り出して帳場へ持って行った本を、老主人が「この本を均一本に入れたのは誰だ」と店の奥に向かって怒鳴ったこともあった。老主人に無断で、若主人が均一本に入れたのであろう。

この文章にある通り先代は勝気な人だったようで、他店との交流を二代目には禁じていたそうです。そんなことから組合に加入することもなく、仕入れはセドリと買い取りを主としていたのだとか。組合に加入したのは先代が亡くなってからの、昭和五〇（一九七五）年。ちょうど、古書現世や鶴本書店が開店する少し前です。しかし加入後も積極的に交流するでもなく、あまり変わらない生活だったようで、仕入れがセドリ中心ということも変わらなかったようです。機関誌である「新宿支部報」へも、一度も寄稿がありません。そして、組合加入の六年後の昭和五六（一九八一）年、小野さんは急死してしまうのです。バイクでセドリに向かった先での事故死でした。五月一一日に、穴八幡宮横の放生寺にて告別式が行われたという記録があります。その後は奥様である、ふえ子さんが継いでお店を続けられていたのですが、平成二（一九九〇）年に閉店、組合を脱退されました。こうして、あまり交流のなかった店主たちに聞いても、「本が好きな人だったよね」と答えが返ってくる店主がいた店は、ビルに飲み込まれてしまいました。この店に関する最高の資料は、お客さんたちの思い出の中にあるのかもしれません。
「早稲田古本屋街」という物語は今も続いています。開店した後の店主の歴史は、店の中に、または棚という店の顔の中にあります。最終ページのその先は、どうぞ早稲田を訪れて見に来てください。そして、物語を継ぐように、いつかこの街で古本屋になりたいと思ってくれる人が現れてくれる日を、自分は待っています。

最後に。すばらしい装丁に仕上げてくださいました多田進さん、ありがとうございました。初めてお会いしてから「いつかは」と思っていたことが、こんなに早く実現して、ただただ嬉しい気持ちです。そして素敵な地図を描いてくださった浅生ハルミンさん、未來社の小柳暁子さん、天野みかさん、資料準備や提供でお世話になった立石書店の岡島一郎さん、三楽書房の安藤章浩さんにも御礼申し上げます。

すべての原稿を書き終え、さらにこのあとがきを書き終えた今日は月曜日です。店の外へ出て早稲田通りの方を眺めると、陽が落ちていく街にたくさんの人が歩いていました。自分はこれからも早稲田の古本屋です。そしてこの街のこれからを、見続けていきたいと思います。

二〇〇六年九月

向井透史

早稲田古本屋街店舗情報〔06年9月現在〕

①平野書店
新宿区西早稲田3－21－3　☎03－3202－4911

②三楽書房
新宿区西早稲田3－21－2　☎03－3203－8995

③文省堂書店
新宿区西早稲田3－21－1　☎03－3202－2933

④新井書店
新宿区西早稲田3－20－4　☎03－3202－5438

⑤五十嵐書店
新宿区西早稲田3－20－1　☎03－3202－8201

⑥ウィズ25鶴本書店
新宿区西早稲田3－15－1　☎03－3202－9420

⑦渥美書房
新宿区西早稲田3－15－1　☎03－3203－1027

⑧安藤書店
新宿区西早稲田3－14－1　☎03－3203－5509

⑨文英堂書店
新宿区西早稲田3－13－4　☎03－3209－6653

⑩金峯堂書店
新宿区西早稲田3－13－3　☎03－3203－5837

⑪西北書房
新宿区西早稲田3－13－1　☎03－3202－7813

⑫照文堂書店
新宿区西早稲田3－12－1　☎03－3203－1450

⑬虹書店
新宿区西早稲田3－1－7　☎03－3203－5986

⑭稲光堂書店
新宿区西早稲田1－5－2　☎03－3203－0780

⑮関書店
新宿区西早稲田1－4－17　☎03－3202－0967

⑯静進堂書店〔新刊書店〕
新宿区西早稲田1－4－20　☎03－3202－4887

⑰早稲田進省堂書店
新宿区戸塚町1－101　☎03－3232－3455

⑱成文堂書店〔新刊書店〕
新宿区西早稲田1－9－38　☎03－3203－4806

⑲ヤマノヰ本店
新宿区馬場下町61　☎03－3202－1751

⑳メープルブックス
新宿区西早稲田2-1-2-1F ☎03-3202-7013

㉑ブックス・アルト
新宿区西早稲田2-4-26-103 ☎03-5285-0616

㉒江原書店
新宿区西早稲田2-4-25-102 ☎03-3202-1355

㉓谷書房
新宿区西早稲田2-9-16 ☎03-3202-4750

㉔喜楽書房
新宿区西早稲田2-9-16 ☎03-3202-3364

㉕飯島書店
新宿区西早稲田2-9-16 ☎03-3203-2050

㉖二朗書房
新宿区西早稲田2-9-13 ☎03-3203-2744

㉗いこい書房
新宿区西早稲田2-10-18 ☎03-3203-5889

㉘寅書房
新宿区西早稲田2-10-18 ☎03-3202-4119

㉙三幸書房
新宿区西早稲田2-10-18 ☎03-3203-6539

㉚浅川書店
新宿区西早稲田2-10-17 ☎03-3203-7549

㉛さとし書房
新宿区西早稲田2-10-16 ☎03-3203-3804

㉜岸書店
新宿区西早稲田2-10-15 ☎03-3203-0770

㉝一心みずい版画〔店舗なし・要予約〕
新宿区西早稲田2-10-6 ☎03-3203-3585
03-3203-2351

㉞古書現世
新宿区西早稲田2-16-17 ☎03-3208-3144

㉟@ワンダー〔店舗なし〕
新宿区高田馬場1-4-21-212 ☎03-3238-7415

㊱文流〔店舗なし〕
新宿区高田馬場1-33-6-704 ☎03-3208-5445

※番号は地図と対応しています。
※古書組合加入の新刊書店含む。

向井透史（むかい とうし）
昭和47（1972）年、早稲田生まれ。
堀越学園高校を卒業後、
早稲田の古本屋「古書現世」の二代目となる。
著書に『早稲田古本屋日録』（右文書院）がある。
「古書現世店番日記」http://d.hatena.ne.jp/sedoro/

早稲田古本屋街
二〇〇六年一〇月一日 初版第一刷発行
定価――本体一八〇〇円＋税
著者――向井透史
発行者――西谷能英
発行所――株式会社 未來社
東京都文京区小石川三―七―二
振替〇〇一七〇―三―八七三八五
電話 (03) 3814-5521 (代)
http://www.miraisha.co.jp/
Email: info@miraisha.co.jp
印刷・製本―萩原印刷
ISBN4-624-40059-3 C0036

平野謙・小田切秀雄・山本健吉編
現代日本文学論争史（上・中・下）
大正末期から戦前までの二十余年の間に交わされた全二五論争。時代・社会における文学の役割とは何か。文壇が熱かった時代がここに甦る。
上／六八〇〇円　中・下／五八〇〇円

西郷信綱・廣末保・安東次男編
日本詞華集
記紀、万葉の古代から近現代に至るまでの秀作を収録。各分野で第一線を走った編者三名の、独自の斬新な詩史観が織りなす傑作アンソロジー。

六八〇〇円

渡辺武信著
日活アクションの華麗な世界（合本）
日活アクションとは何であったのか。膨大な資料をもとにした詳細な分析で多くの映画評論でも引用されている日活アクション論の古典。合本で復刊。

五八〇〇円

〔消費税別〕